Sabine Apfler

Lernsoftware in der Volksschule

Möglichkeiten und Grenzen
des Computereinsatzes im
Mathematikunterricht der Grundschule

Diplomica Verlag GmbH

Apfler, Sabine: Lernsoftware in der Volksschule: Möglichkeiten und Grenzen des Computereinsatzes im Mathematikunterricht der Grundschule, Hamburg, Diplomica Verlag GmbH 2013

Buch-ISBN: 978-3-8428-8669-8
PDF-eBook-ISBN: 978-3-8428-3669-3
Druck/Herstellung: Diplomica® Verlag GmbH, Hamburg, 2013

Bibliografische Information der Deutschen Nationalbibliothek:
Die Deutsche Nationalbibliothek verzeichnet diese Publikation in der Deutschen Nationalbibliografie; detaillierte bibliografische Daten sind im Internet über http://dnb.d-nb.de abrufbar.

Das Werk einschließlich aller seiner Teile ist urheberrechtlich geschützt. Jede Verwertung außerhalb der Grenzen des Urheberrechtsgesetzes ist ohne Zustimmung des Verlages unzulässig und strafbar. Dies gilt insbesondere für Vervielfältigungen, Übersetzungen, Mikroverfilmungen und die Einspeicherung und Bearbeitung in elektronischen Systemen.

Die Wiedergabe von Gebrauchsnamen, Handelsnamen, Warenbezeichnungen usw. in diesem Werk berechtigt auch ohne besondere Kennzeichnung nicht zu der Annahme, dass solche Namen im Sinne der Warenzeichen- und Markenschutz-Gesetzgebung als frei zu betrachten wären und daher von jedermann benutzt werden dürften.

Die Informationen in diesem Werk wurden mit Sorgfalt erarbeitet. Dennoch können Fehler nicht vollständig ausgeschlossen werden und die Diplomica Verlag GmbH, die Autoren oder Übersetzer übernehmen keine juristische Verantwortung oder irgendeine Haftung für evtl. verbliebene fehlerhafte Angaben und deren Folgen.

Alle Rechte vorbehalten

© Diplomica Verlag GmbH
Hermannstal 119k, 22119 Hamburg
http://www.diplomica-verlag.de, Hamburg 2013
Printed in Germany

Abstract

Ziel der vorliegenden Arbeit ist sowohl eine intensive wissenschaftliche Auseinandersetzung mit dem Thema Computer in der Volksschule, also in den ersten 4 Grundschuljahren, als auch die Umsetzung dieser Erkenntnisse in einem praktischen Beispiel.

Das erste Kapitel führt in das umfangreiche Thema Medien ein. Den Anfang bildet eine Begriffs- und Gegenstandsbestimmung, an dem sich eine genaue Beschreibung der Mediennutzung, -erziehung und –kompetenz anschließt. Um den Bogen zum Bildungsbereich zu spannen, wird die Aufgabe der Institution Schule bei der Vermittlung von Medienkompetenz beleuchtet. In diesem Zusammenhang liegt der Fokus auf den Auswirkungen von Medienkonsum auf soziale Bereiche, das Lernen und die Psyche des Lernenden.

Im zweiten Kapitel steht der Einsatz von Computern im Kontext Schule im Mittelpunkt. Die Frage, welche organisatorischen, ausstattungsrelevanten Voraussetzungen und curricularen Vorgaben den Einsatz erst möglich machen, wird von didaktischen Überlegungen ergänzt. Dabei liegt der Fokus auf lerntheoretischen Betrachtungen. Welche veränderte Rolle dem Lehrer in verschiedenen Einsatzszenarien zukommt und welche Möglichkeiten sich durch den Einsatz von Medien für die Bereiche Differenzierung und Individualisierung ergeben wird ebenso beleuchtet wie der spezielle Teilbereich des Einsatzes von Lernsoftware.

Die theoretischen Betrachtungen der ersten beiden Kapitel werden durch ein praktisches Beispiel im 3. Kapitel abgerundet. Hier wird der Weg der Erstellung einer Lernsoftware-Reihe für den Mathematikunterricht nachgezeichnet, wofür die in Österreich neu eingeführten Bildungsstandards und die Anforderungen, welche an Lernsoftware für Grundschulkinder gestellt werden, als Grundlage dienen.

Die Arbeit kann mit den Schlagwörtern *Medienkompetenz*, *Didaktik* und *Lernsoftware* zusammengefasst werden.

Abstract

The aim of this thesis is to scientifically examine the use of computers in primary schools (the first four years of basic education) as well as how to imply this research by means of a practical example.

The first chapter introduces the extensive topic of media and provides terminology in addition to detailed characterization of media use, education and competence. The role of school as an institution is to impart media competence and thus the connection between media consumption and social competence, learning and psychological aspects of the pupils are analyzed.

The second chapter deals with the use of computers in the context of schools. Didactic considerations and the relevant organizational and equipment requirements are analyzed in addition to curricular prerequisites that make the use of computers possible. The use of educational software as well as the changes in the role of the teacher in different scenarios is tackled with a focus on the arising possibilities in the areas of differentiation and individualization through the use of media.

The theoretical considerations of the first two chapters are completed by a practical example in the third chapter. The basis for this example is provided by the newly established educational standards in Austria and leads the way to the creation of a learning software series for mathematics and focuses on the demands that are placed on educational software for elementary school children.

The thesis can be summarized with the keywords *media competence, didactics* and *educational software*.

Inhaltsverzeichnis

Abbildungsverzeichnis 5

Einleitung 7

1. Kinder und Medien 9
   1.1. Charakterisierung von Medien 10
   1.2. Bedeutung von Medien 12
   1.3. Mediennutzung 14
   1.4. Medienerziehung 17
   1.5. Medienkompetenz 19
       1.5.1. Kompetenzbegriff 20
       1.5.2. Digital literacy 21
       1.5.3. Medienkompetenz in der Institution Schule 25
   1.6. Auswirkungen von Medienkonsum 26
       1.6.1. Digital divide 27
       1.6.2. Auswirkungen auf die Psyche und das Lernen 28
   1.7. Zwischenfazit 29

2. Computer und Internet in der Schule 30
   2.1. Voraussetzungen 32
       2.1.1. Medienausstattung von Schulen 32
       2.1.2. Curriculare Vorgaben 34
   2.2. Didaktische Überlegungen 35
       2.2.1. Lerntheoretische Betrachtungen 37
       2.2.2. Der Lehrer 44
       2.2.3. Medien und Differenzierung / Individualisierung 45
       2.2.4. Computerunterstützter Unterricht 46
       2.2.5. Lernen mit Software 50
   2.3. Grenzen 51

3. Lernsoftware für den Mathematikunterricht 53

   3.1. Bildungsstandards und Mathematikunterricht 53

   3.2. Anforderungen an Software für Grundschulkinder 55

   3.3. Umsetzung des Projektes 56

      3.3.1. Planung 57

      3.3.2. Umsetzung 58

      3.3.3. Erfahrung aus der Praxis 66

4. Zusammenfassende Bewertung und Ausblick 68

Literaturverzeichnis 71

Abbildungsverzeichnis

Abbildung 1: Gegenüberstellung der Medienkompetenzdimensionen 24
Abbildung 2: „Perspektivische Zugriffe auf das Thema „Computer, Grundschule und Kindergarten" (Themenrelevante Hauptperspektiven)" 31
Abbildung 3: Kernziele bei der Arbeit mit Computern in der Grundschule 37
Abbildung 4: Lernparadigmen 39
Abbildung 5: Kompetenzmodell Mathematik 4. Schulstufe 54
Abbildung 6: Manuskript der Autorinnen für die Übung „Links / Rechts" 59
Abbildung 7: Drehbuch für den Programmierer... für die Übung „Links / Rechts" 59
Abbildung 8: Screenshot: Startseite 59
Abbildung 9: Screenshot: Ebene 1 60
Abbildung 10: Screenshot: Führung durch das Programm 60
Abbildung 11: Screenshot: Ebene 2 - Schultaschen 60
Abbildung 12: Screenshot: Ebene 3 - Federschachteln 60
Abbildung 13: Screenshot: Ebene 4 – Füllfedern 61
Abbildung 14: Screenshot: Ebene 5 – Übung „Links/rechts2" 61
Abbildung 15: Screenshot: Hilfe 61
Abbildung 16: Screenshot: Schmuckbild 61
Abbildung 17: Screenshot: richtig gelöste Aufgabe 62
Abbildung 18: Screenshot: richtig gelöste Übungen 62
Abbildung 19: Screenshot: falsch gelöste Übungen 62
Abbildung 20: Screenshot: Impressum 63
Abbildung 21: Screenshot: Startseite 2 64
Abbildung 20: Screenshot: Startseite 3 64
Abbildung 23: Screenshot: Startseite 4 64
Abbildung 24: Screenshot: „Flächen verändern" 65
Abbildung 25: Screenshot: „Kann die Aussage stimmen?" 65
Abbildung 26: Screenshot: „Kompetenztraining" 65
Abbildung 27: Screenshot: „Die gesuchte Zahl finden" 65

Einleitung

Im Masterstudiengang *Bildung und Medien: eEducation* an der FernUniversität Hagen lernte ich verschiedenste Einsatzmöglichkeiten von Computer und Internet in der Lehre kennen. In allen Modulen und Themenbereichen versuchte ich stets, eine Verbindung zu meinem eigentlichen Tätigkeitsfeld als Lehrerin in der Volksschule zu schaffen und untersuchte, ob und in welchem Rahmen die bearbeiteten Tools und Themen im Grundschulbereich einsetzbar sind. Ich erkannte, dass es viele Möglichkeiten des Einsatzes dieser Medien auch schon für 6- bis 10-jährige Kinder gibt, trotz aller positiven Aspekte auch Nachteile und Grenzen existieren. So konkretisierte sich für mich folgende Forschungsfrage:

Bietet der Einsatz von Computern in der Volksschule einen Mehrwert für das Lernen der Kinder, in welchem Rahmen ist ein Einsatz sinnvoll und wie muss der Unterricht gestaltet werden, um dieses Ziel zu erreichen?

Da ich in meinem Unterricht Computer und Internet bereits einsetze, interessieren mich die theoretischen Hintergründe, die die möglichen Vorteile dieser Medien für meinen Unterricht bekräftigen. Besonders wichtig ist mir in diesem Zusammenhang das Thema Medienerziehung, dessen Ziel es ist, Kindern Medienkompetenz anhand praktischer Beispiele zu vermitteln. Wie bei vielen anderen Erziehungsthemen wird diese Aufgabe vermehrt der Schule zukommen, da viele Eltern aufgrund fehlenden Wissens oder Informationslücken selbst nicht kritisch genug im Umgang mit Medienangeboten sind.

Mit dieser Arbeit soll der rote Faden, der sich durch mein Studium an der FernUniversität Hagen zog, weitergeführt werden. Sie reiht sich als Abschluss in die Themen der vorangegangenen Arbeiten ein. Wurden darin spezielle Themenbereiche wie Differenzierung für begabte Kinder, E-Learning in der Lehrerfortbildung, Erstellung eines Weblogs zu einem bildungswissenschaftlichen Thema oder Erstellung eines Podcasts für die Volksschule, bearbeitet, so soll hier ein Überblick über die Theorie und Möglichkeiten des Einsatzes von Computer und spezieller Software im Grundschulbereich gegeben werden. In der vorliegenden Arbeit werden die theoretischen Hintergründe und Grundlagen erörtert, wobei sich der Bogen vom Kind ausgehend über Voraussetzungen für den Computereinsatz in der Schule bis hin zu einem praktischen Projekt, bei dem dieses Wissen umgesetzt wird, spannt.

In der Literatur (Grimus, 2000; Mitzlaff, 2007a) gibt es viele positive Stimmen, aber auch kritische Betrachtungen (Spitzer, 2008), vor allem den Medienkonsum von Kindern betreffend. In dieser Arbeit wurden diese aufbauend auf den bisherigen Arbeiten speziell im Hinblick auf die Forschungsfrage erfasst und die positiven und negativen Argumente ausgewertet, miteinander verglichen und gegeneinander abgewogen.

Die Aktualität der Diskussion über Computer und Internet in der Schule allgemein und in der Volksschule speziell zeigt sich anhand der vielen Fortbildungsangebote, die es für Lehrer gibt und der Fülle an Publikationen (Schrack & Nárosy, 2009; Schrack, Schwarz & Nárosy, 2010), die an die Schulen gesandt werden. Die Angebote reichen von ersten Schritten mit dem Computer über den Einsatz dieser Medien in der Volksschule bis hin zu reinen E-Learning Seminaren. Dem Lehrer[1] als Schlüsselfigur kommt eine besondere Rolle zu. An ihm, seiner eigenen Medienkompetenz, seinem technischen und didaktischen Vorwissen und seiner Vorbereitung liegt es, ob Unterrichtssequenzen, die mit Computer und Internet angereichert und unterstützt werden, einen Mehrwert für die Schüler bieten. Welche Kompetenzen ein Lehrer aufweisen sollte, um zum Gelingen dieser Unterrichtsangebote beizutragen, wird ebenso erläutert wie die veränderte Rolle, die ihm im Unterricht zukommt. Die Tatsache, dass Medien nicht nur vielfältige Chancen für einen zeitgemäßen Unterricht bieten, sondern auch Risiken für Sozialisation, Erziehung und Bildung bergen, macht eine Reflexion über diese Thematik erforderlich (Tulodziecki, 2007, S. 125).

2009 wurde in Österreich der Grundstein zur Einführung der Bildungsstandards für Deutsch und Mathematik bei Schülern der vierten Klasse Volksschule gelegt, um die vorhandenen Grundkompetenzen zu überprüfen. Die Bildungsstandards für diese beiden Fächer, die unter Mitwirkung von Lehrern und Fachdidaktikern entwickelt wurden, stellen ein wichtiges Instrument zur Qualitätssicherung im Bildungsbereich dar. Auf der Grundlage dieser festgeschriebenen Kompetenzen, Fähigkeiten, Fertigkeiten und Haltungen ist es notwendig, den traditionellen Mathematikunterricht zu überdenken und die Unterrichtsmethoden zu verändern (BIFIE, 2011). Im Rahmen der Entwicklung einer CD-Rom-Reihe zu einem Mathematikbuch für die Volksschule war es unerlässlich, sich mit den theoretischen Hintergründen von Computereinsatz und Bildungsstandards zu beschäftigen, um darauf aufbauend ein adäquates Produkt zu erstellen. Die praktische Umsetzung dieses Projektes wird in Kapitel 3 detailliert beschrieben.

---

[1] Aus Gründen der besseren Lesbarkeit wurde in dieser Arbeit auf die Nennung beider Geschlechter verzichtet. Selbstverständlich sind immer männliche und weibliche Vertreter gemeint.

1. Kinder und Medien

Medien spielen in allen Bereichen der Gesellschaft, in öffentlichen und privaten Institutionen, in Wissenschaft, Kultur, Politik und Wirtschaft, eine große Rolle. Folglich haben Medien für Kinder einen hohen Stellenwert und sind selbstverständlicher Bestandteil ihres Lebens, mit denen sie bereits eine Fülle an Vorerfahrungen machen können (Grimus, 2007; Tulodziecki & Herzig, 2010).

Seit 1999 erforscht die Studienreihe KIM (Kinder + Medien, Computer + Internet) das Medienverhalten von 6- bis 13-jährigen Kindern. In der Studie werden jährlich Daten zu „Geräteausstattung und Medienbeschäftigung, Verzichtbarkeit und Wichtigkeit der Medien, Nutzungsmuster bei Radio und Fernsehen, Computer- und Internetaktivitäten und der Umgang mit dem Handy" (Medienpädagogischer Forschungsverbund Südwest, 2011, S. 3) erhoben. Zusätzlich werden Eltern zu ihrer Mediennutzung, ihren Einstellungen zu Medien und dem Medienverhalten in der Familie befragt. Das Ergebnis zeigt, dass für fast alle befragten Kinder Freunde und Freundschaften am wichtigsten sind. Nach Musik, Sport und Schule reihen sich Computer- / Konsolen- / Onlinespiele erst auf Platz 4, gefolgt von Kino und Filmen, Internet und Computer, ein. Das Handy ist für 57% der Kinder interessant, etwas abgeschlagen ist der Bereich Bücher / Lesen mit 47% (ebd., S. 5).

In einer 2007 in Oberösterreich durchgeführten Studie zeigte sich, dass drei Viertel der 6- bis 10-jährigen Kinder Zugang zu Computern hatten, vier Fünftel der Kinder kannten die Arbeit am Computer vom Zusehen. 2010 stieg dieser Wert weiter und bereits 90% der Haushalte verfügten über Computer und Internet, wobei die Qualität der Ausstattung mit dem Einkommen der Eltern steigt.

Die Kinder sind zunehmend besser mit eigenen Geräten, vor allem Spielkonsolen und Handys, ausgestattet. Die Geräte werden vorwiegend zu Hause am Nachmittag und in erster Linie für Computerspiele genützt. Erst ab einem Alter von etwa neun Jahren sehen die Kinder im Computer vermehrt ein Arbeitswerkzeug, das beim schulischen Lernen wertvolle Dienste leisten kann, zum Beispiel in Form von Lernprogrammen. Die untersuchte Gruppe nützt bereits das Internet, vorwiegend zur Informationssuche, aber auch schon für erste Schritte im Social Web und zum Versenden von E-Mails (BildungsMedienZentrum, 2007, S. 3 f.; Medienpädagogischer Forschungsverbund Südwest, 2011).

In der Bedeutung, die Computer für Mädchen und Jungen im Grundschulalter haben, und in welcher Weise sie sich diesem Medium nähern, konnten in einer zweijährigen Beobachtungsphase geschlechtsspezifische Unterschiede festgestellt werden. Es wurde deutlich, dass sowohl Jungen als auch Mädchen den Computer vorwiegend zum Spielen verwenden, sich allerdings Unterschiede in der Art der Spiele und in der Spieldauer zeigen. Den Zugang zu Computern finden Jungen häufiger über eigene Computer oder

Spielkonsolen als Mädchen, welche am ehesten über männliche Familienmitglieder mit diesem Medium in Berührung kommen. Jungen haben ein deutlich größeres Interesse an der Computertechnik und zeigen ihre erworbenen Kompetenzen offensiver. Mädchen spielen weniger und verwenden den Computer häufiger zum Lesen und Schreiben in Verbindung mit sozialen Kontakten als ihre männlichen Altersgenossen (Jansen-Schulz, 2007).

Infolge einer Studie, die Cottmann (1998, S. 144 ff.) an Schülern der dritten Klasse durchführte, differenziert sie hinsichtlich des Verständnisses über Computer drei Typen:

- *Anthropomorpher Typ*: Die Begriffe Computer und Maschine haben für die Kinder keinen Zusammenhang, dem Computer werden psychische Attribute zugeordnet. Das Vertrauen in die Fähigkeiten eines Computers ist sehr hoch.
- *Prototypizistischer Typ*: Die Kinder verstehen Computer als Maschinen, allerdings zählen für sie die Ergebnisse, die Prozesse dahinter haben für sie keine Bedeutung. Auch dieser Typ ordnet dem Computer psychische Attribute zu.
- *Distanziert-elaborierter Typ*: Die Kinder sehen Computer sehr abstrakt und verstehen, dass er aus vielen Einzelteilen besteht, menschliche Arbeit unterstützen kann, jedoch über keine psychischen Attribute oder Kognitionen verfügt.

Der Aufbau von Medienkompetenz, also nicht nur der Umgang mit der Technik, sondern auch das kritische Betrachten von Informationen, ist wesentlicher Bestandteil einer guten Medienerziehung in der Grundschule. Kinder kommen sowohl privat als auch im Umfeld von Institutionen mit Medien in Berührung, die Mediatisierung vermehrt sich in allen gesellschaftlichen Teilsystemen und somit muss Erziehung gleichzeitig Medienerziehung, Bildung zugleich Medienbildung und Sozialisation Mediensozialisation sein. Medienkompetenz ist für jedes Mitglied der Gesellschaft notwendig geworden (Süss, Lampert & Wijnen, 2010, S. 14).

Jedes Medium übt eine andere Art der Faszination aus. Faktoren wie beispielsweise Alter, soziale Herkunft, Bildungshintergrund, berufliche Stellung oder Wohnregion sind entscheidend für die Rolle, welche Medien für den Einzelnen spielen (Baacke, 2007, S. 4).

1.1. Charakterisierung von Medien

Dem Begriff Medien liegen viele Auffassungen zugrunde, und es existieren mindestens ebenso viele Definitionen und Begriffsbeschreibungen wie Medien. Gemein ist all diesen

Erklärungen, dass es sich bei Medien um eine *Mittlerrolle* handelt. Je nachdem, welche Sichtweise (pädagogisch, psychologisch, medienwissenschaftlich) im Vordergrund steht, unterscheidet sich deren Definition (Reinmann, 2008, S. 51).

Tulodziecki & Herzig (2010, S. 12 ff.) fassen verschiedene Erklärungen zusammen: Es kann sich bei Medien sowohl um Menschen, als auch um konkrete Dinge oder Elemente handeln. Menschen werden als Medien bezeichnet, wenn sie im übersinnlichen Bereich besondere Fähigkeiten haben, ebenso Personen, die sich für Experimente zur Verfügung stellen. Auch der Lehrer in der Klasse kann in seiner Rolle als (Ver)Mittler als Medium bezeichnet werden. Medien bezeichnen reale Dinge wie Unterrichtsmittel, Einrichtungen oder technische Apparate zur Vermittlung von Meinungen oder Informationen (Film, Funk, Fernsehen, Presse). Ein Medium kann ein vermittelndes Element, beispielsweise Musik oder Sprache sein, mit dem man seine Gefühle und Gedanken ausdrücken kann. In der Physik und Chemie werden Träger bestimmter Eigenschaften als Medien bezeichnet, hier wäre die Luft als Medium zur Ausbreitung von Schallwellen beispielhaft zu nennen.

In der Medienpädagogik macht es wenig Sinn, all diese Beschreibungen des Begriffes Medium zu berücksichtigen. Vielmehr ist es notwendig, deutliche Merkmale zu beschreiben. Der Bereich der Medienpädagogik mit seinen Untergliederungen in Mediendidaktik, Medienerziehung, Medientechnik, Medienforschung, Medientheorie und Medienpraxis hat sich erst mit der fortschreitenden Ausbreitung technisch vermittelter Informationen durch Film, Fernsehen und Radio entwickelt. Bei Tulodziecki & Herzig (2010, S. 18) werden Medien „als Mittler verstanden, durch die in kommunikativen Zusammenhängen potenzielle Zeichen mit technischer Unterstützung übertragen, gespeichert, wiedergegeben, angeordnet oder verarbeitet und in abbildhafter und/oder symbolischer Form präsentiert werden".

McLuhan (Hartmann, 2008) unterscheidet zwischen heißen und kalten Medien. Zu heißen Medien zählt er etwa Radio oder Film, die nur wenig Beteiligung des Rezipienten verlangen und kalte Medien sind Medien, die eine hohe Beteiligung und sinnliche Vervollständigung erfordern. Dazu zählen zum Beispiel das Telefon oder das Fernsehen.

Für Reinmann (2008, S. 53) vereinen *Neue* oder *digitale Medien* „Multimedialität, Interaktivität, Simulation, Kommunikation und Kooperation" und ermöglichen diese über eine große räumliche und zeitliche Distanz. Neue Medien werden häufig als *neue Informations- und Kommunikationstechnologien (ICT)* bezeichnet, was auf zwei wichtige Grundpfeiler des Lernens hinweist: Information und Kommunikation. Der Mehrwert wird jedoch erst durch Interaktivität, die das Lernen mit neuen Medien einzigartig macht, deutlich (ebd.).

Moser (2007, S. 143) unterteilt digitale Medien je nach Art ihres Einsatzes im Unterricht in drei Gruppen: Präsentationsmedien, mediale Lernhilfen und Kommunikationsmedien. Präsentationsmedien, beispielsweise Beamer, werden dort eingesetzt, wo der Lehrer den

Schülern Inhalte präsentieren will. Kommunikationsmedien sollen Lehrern und Schülern in Form von E-Mails, Foren oder dergleichen zum Austausch dienen. Mediale Lernhilfen haben sich in den letzten Jahren verändert. Zu Beginn der 1990er Jahre fand im Unterricht in erster Linie Lernsoftware Verwendung, in der Gegenwart werden immer häufiger Internetangebote wie WebQuests als Lernhilfen eingesetzt.

Für alle pädagogisch orientierten Auseinandersetzungen mit Medien im Allgemeinen hat sich sowohl für die Theorie, als auch für die Praxis der Begriff *Medienpädagogik* etabliert. Diese übergeordnete Bezeichnung beinhaltet die Teilbereiche

- *Mediendidaktik* (wie können Medien, Medienangebote oder Medienbeiträge zielführend gestaltet und im Unterricht eingesetzt werden)
- *Medienerziehungstheorie* (Ziele, die erziehungs- und bildungsrelevant sind)
- *Medientechnik* (technische Voraussetzungen für medienpädagogisches Handeln)
- *Medienforschung* (wissenschaftliche Aussagen mit Medienbezug)
- *Medienpraxis* (Mediengestaltung, -verwendung oder –erziehung) (Baacke, 2007, S. 4; Tulodziecki & Herzig, 2010, S. 249 f.).

Im Rahmen der vorliegenden Untersuchung kann nicht auf alle Bereiche gleichermaßen eingegangen werden, die Teilbereiche Medienerziehung und Mediendidaktik werden im Vordergrund stehen.

1.2. Bedeutung von Medien

Medien gehören für die Menschen im 21. Jahrhundert, sowohl in der Freizeit, als auch in Beruf und Schule, untrennbar zum Lebensalltag. Die zur Verfügung stehenden Medien wie Fernsehen, Radio, Handy, DVD, MP3, Computer und Internet dienen dabei der Unterhaltung, Kommunikation und Information.

Die fortgeschrittene Computertechnologie hat dazu geführt, dass menschliche Handarbeit automatisiert werden konnte. Auch im Bereich geistiger Arbeitsfelder übernehmen Computer immer mehr Tätigkeiten, die bis vor kurzem noch von Menschen durchgeführt wurden. Durch das Internet und die damit verbundenen Kommunikationsmöglichkeiten ist nicht nur der Arbeits-, sondern vielfach auch der Privatbereich eng an die Computertechnologie gebunden. Schon 6- bis 13-jährige Kinder können sich ein Leben ohne Medien, allen voran den Fernseher, nicht mehr vorstellen. Da Kinder im Grundschulalter täglich durchschnittlich mehr als 1,5 Stunden vor dem Fernseher und etwa eine halbe Stunde vor dem Computer verbringen, macht dies einen beträchtlichen Teil der zur Verfügung stehenden Freizeit aus. Die Zeitangaben variieren in den verschiedenen Studien (BildungsMedienZentrum, 2007; Medienpädagogischer Forschungsverund Südwest, 2011) stark, daher ist es schwierig, eine objektive Meinung zu finden. Trotz des hohen medialen Zeitaufwandes führen das Spielen, sowohl drinnen als auch draußen, die Zeit mit Familie und Freunden und Sport die Liste der häufigsten Freizeitaktivitäten gleichermaßen an. Mit dem Alter der Kinder steigt für sie die Bedeutung technischer Geräte, besonders von Computer, Internet und Handy (Lanners & Schintgen, 2007; Feierabend, 2007).

Medien spielen beim Tagesrhythmus von Jugendlichen eine wichtige Rolle. So sehen viele während der Mahlzeiten fern, wohingegen mobile Geräte wie MP3-Player oder Handy hauptsächlich außer Haus ihren Einsatzbereich haben. Musik hören die Kinder gerne während der Hausaufgaben oder abends. Computer und Internet prägen den Tagesablauf in der Altersgruppe der Volksschulkinder weniger deutlich (Medienpädagogischer Forschungsverbund Südwest, 2011).

In der KIM-Studie wurde die subjektive Wichtigkeit der verschiedenen Medien erhoben und dabei konnte gezeigt werden, dass sich mehr als die Hälfte der Kinder (insgesamt 58%) den Fernseher nicht mehr aus ihrem Leben wegdenken kann, 25% der Befragten erachten Computer und Internet als wichtigste Medien, wohingegen nur 8% dies von Büchern behaupten. Auch hier zeigte sich deutlich, dass mit steigendem Alter Computer und Internet deutlich wichtiger werden als der Fernseher.

Neben der Bedeutung, die Medien für 6- bis 13-jährige Kinder haben, wurden die Eltern als wichtige Sozialisationsfaktoren nach ihren Einstellungen und Einschätzungen befragt. So zeigte sich, dass etwa die Hälfte der befragten Eltern an der Thematik Kinder und Medien interessiert ist, wobei das Interesse mit höherem Bildungsabschluss steigt. Vor allem dem Internet, aber auch dem Fernsehen, stehen viele Eltern mit diffusen Ängsten und Befürchtungen gegenüber und schreiben dem Medium Buch die positivsten Eigenschaften zu. Die Eltern äußern einen Informationsbedarf den Umgang mit dem Internet und den damit verbundenen Gefahren, wie beispielsweise Cybermobbing, betreffend. Das Engagement steigt wiederum mit dem Bildungsabschluss.

Auch die Erwachsenen nützen Medien, hauptsächlich Fernseher, Computer und Internet, sehr intensiv, wohingegen das Lesen von Büchern je nach Bildungshintergrund stark variiert. Vergleicht man die Ergebnisse der Befragungen zu den Konsumationszeiten von Medien von Kindern und Eltern, so drängt sich die Frage auf, ob es sich hier wirklich um objektiv verwertbare Meinungen handelt (ebd., 2011).

1.3. Mediennutzung

Beim Vergleich von Medien und Alter der Menschen, erkennt man, dass verschiedene Altersstufen von unterschiedlichen Leitmedien geprägt sind. Leitmedien sind Medien, die von einer Gruppe besonders zahlreich, intensiv und häufig genützt werden und somit signifikant wichtiger sind als andere Medien. Vielfach werden Kinder und Jugendliche heute als *Digital Natives* bezeichnet, was ihre hohe Affinität zu digitalen Medien beschreibt (Süss u.a., 2010, S. 15).

Bereits für Kindergarten- und Vorschulkinder spielen Medien eine große Rolle, da das Aufwachsen der Kinder von Beginn an durch Medien geprägt und von Medien begleitet wird. Sie lernen in der häuslichen Umgebung eine Vielzahl unterschiedlicher Medien, vom Fernseher über das Radio, von Handy bis zu Computer, kennen und damit umzugehen. Bei regelmäßig ausgeübten Medienaktivitäten steht das Fernsehen gemeinsam mit Erwachsenen oder anderen Kindern an der Spitze, auch das Hören von Musik oder Geschichten zählt zu häufig durchgeführten Aktivitäten. Am weitesten abgeschlagen in dieser Altersgruppe ist der Computer. Für die Eltern der untersuchten Kinder spielen Medien in ihrem Alltag ebenfalls eine große Rolle, wobei auch hier der Fernseher als Leitmedium bezeichnet werden kann, gefolgt von Zeitungen, Radio, Zeitschriften und Büchern. Interessant erscheint der Umstand, dass Computer und Internet einen relativ niedrigen Stellenwert besitzen. Die Hauptfunktionen für den Fernsehkonsum können mit den Schlagworten *Information, Entspannung und Spaß* zusammengefasst werden (Feierabend & Mohr, 2007).

Je älter die Kinder werden, umso mehr verändert sich der Umgang mit Medien. Bei Grundschulkindern ist der Fernseher das Leitmedium, wobei Computer und andere elektronische Geräte zunehmend an Bedeutung gewinnen. Kinder kommen immer früher mit Computer und Internet in Berührung, was nicht nur die Folge der wachsenden Ausstattung der Haushalte, sondern auch mit den immer vielfältiger werdenden Angeboten für Kinder zu erklären ist. Der Großteil der Kinder hat Zugang zu Computer und Internet und viele davon nützen ihn für Computerspiele, für kreative Tätigkeiten wie Text- und Bildbearbeitung, arbeiten für die Schule oder mit Lernprogrammen, hören Musik oder sehen Filme an. Das Internet nützen die Kinder alleine, gemeinsam mit anderen, mit den Eltern, Geschwistern oder Freunden, wobei hier die Informationssuche die Online-Spiele dominiert. Im schulischen Umfeld werden Computer vermehrt eingesetzt, hier steigt die Häufigkeit mit dem Alter der Kinder. Trotzdem wird der Computer im außerschulischen Bereich von Kindern im Grundschulalter vergleichsweise häufiger genützt als im Unterricht (BildungsMedienZentrum, 2007; Grimus, 2007; Feierabend, 2007).

In einer Studie von Six, Gimmler & Frey (2000, S. 111), bei der Lehrer über Medienerziehung befragt wurden, konnte gezeigt werden, dass die tatsächliche Mediennutzung von der von Pädagogen erwarteten deutlich abweicht. Vor allem die Zeit, die Kinder vor dem Fernseher verbringen, wird deutlich überschätzt. Interessant ist, dass der häusliche Computerbesitz der Kinder und der Umgang mit Computern im außerschulischen Bereich eher mit höheren schulischen Leistungen assoziiert wird, wohingegen hoher Fernsehkonsum in den Augen der Lehrer das Gegenteil bewirkt. Computer werden in der Schule am häufigsten zum Spielen, aber auch für Aktivitäten im Internet oder zur Kommunikation genützt. Lernprogramme werden zur Unterstützung der schulischen Aktivitäten verwendet, wobei sich ein Großteil der Kinder eine verstärkte Nutzung im Unterricht wünschen würde (Clements & Sarama, 2007; Seib, 2006, S. 33).

Zunehmend entwickelt sich unsere Gesellschaft weg von einer Industriegesellschaft hin zu einer Wissens- oder Netzwerkgesellschaft. Im privaten, beruflichen, politischen und pädagogischen Bereich gewinnen vor allem elektronische Medien immer mehr an Bedeutung. Mit diesen Entwicklungen verändert sich sowohl das Leben jedes Einzelnen, als auch die Gesellschaft. Durch die Vernetzung wurden die Kommunikationsmöglichkeiten bereits vervielfacht, und der Zugang zu Informationen und die Verfügbarkeit von Wissen sind um ein Vielfaches einfacher geworden. Aufgrund dessen ergeben sich neue Möglichkeiten für Lernen und Lehre (Bastiaens, Schrader & Deimann, 2008, S. 11 f.).

Digital Natives

Kinder und Jugendliche werden in der Literatur häufig als *Net Generation* oder *Digital Natives* bezeichnet, was deutlich macht, dass Kinder gegenwärtig ganz selbstverständlich mit den unterschiedlichsten Medien aufwachsen, ihnen der Umgang damit scheinbar leicht fällt und sie bereits früh über ein großes Wissen darüber verfügen. Bei der großen Anzahl an Kindern, die Zugang zu Computer und Internet haben und diese auch für ihre Zwecke verwenden, sind diese Begriffe nicht verwunderlich, benützen doch schon unter Dreijährige Computer (Clements & Sarama, 2007).

Ob dies positiv oder negativ zu bewerten ist, ist nicht klar definiert und hängt sowohl vom Autor, als auch vom Gegenstand der Betrachtung ab. So gibt es auf der einen Seite Befürworter, die beispielsweise positive Eigenschaften von Vielspielern im Alltag erkennen können. Andererseits meinen Gegner, negative Auswirkungen wie Konzentrationsschwierigkeiten beobachten zu können (Süss u.a., 2010, S. 16 f.; Tapscott, 1997).

Schulmeister (2009, S. 10) unterstreicht, dass die Diskussionen rund um die *Net Generation* oder *Digital Natives* einer wissenschaftlichen Auseinandersetzung aufgrund empirischer Daten bedarf. Vielfach stützen sich Meinungen von Autoren auf Einzelfall-Berichte, eigenes Erleben oder ungeprüfte Meinungen.

Prensky (2001, S. 1) nennt die Jugend unserer Zeit *Digital Natives*, „native speakers" der digitalen Welt: „They have spent their entire lives surrounded by and using computers, videogames, digital music players, video cams, cell phones, and all the other toys and tools of the digital age." Dem gegenüber stellt er den Begriff *Digital Immigrants* und meint damit Menschen, die erst im Erwachsenenalter mit diesen Medien in Berührung kommen. Prensky (2001) macht deutlich auf die Bedürfnisse dieser Generation aufmerksam und fordert von den Lehrern, diese ernst zu nehmen, angemessen darauf zu reagieren und ihren Unterricht anzupassen, auch wenn sie sich aus eigener Erfahrung nicht vorstellen können, was es bedeutet, diese Grundkenntnisse ganz selbstverständlich gelernt zu haben. Er vergleicht den Vorsprung, den Kinder gegenüber Erwachsenen haben mit Menschen, die in einer anderen, für sie bisher fremden Kultur leben. Hier finden sich die Kinder leichter und schneller zurecht, die Erwachsenen akzeptieren das und lernen von den Kindern. Prensky fordert diese Reaktionen auch im Bezug auf den Umgang mit elektronischen Medien. Er schlussfolgert, dass Kinder und Jugendliche leichter und vor allem anders lernen als die Generationen davor und dass Unterricht, wie er für diese gedacht wurde, verändert werden muss.

Schulmeister (2009, S. 16) kritisiert Prensky scharf, vor allem sieht er einige seiner Behauptungen als zu wenig wissenschaftlich gestützt. Besonders die Aussage, das Gehirn der Jugendlichen zeige durch den starken Medienkonsum Veränderungen im Vergleich zu den Generationen davor, hält er für wenig glaubwürdig. Er widerspricht Prenskys These, der *digitale Urknall* habe plötzlich stattgefunden und untermauert seine Meinung mit der geschichtlichen Entwicklung der verschiedenen Medien, vom mp3-Player bis zum Computer. Die Meinung Prenskys, Kinder und Jugendliche würden mehr von Computern verstehen als die Erwachsenen, teilt Schulmeister nicht. Zwar sind ihnen Existenz und Handhabung der verschiedenen Programme bekannt, allerdings nicht die zugrundeliegenden technischen Komponenten. Digitale Medien würden von ihnen hauptsächlich zur Unterhaltung und für soziale Dienste genützt. „Dafür muss ich keine digitalen Methoden beherrschen, digitale Konzepte denken, eine digitale Sprache sprechen (was immer das ist)" (ebd. S. 21).

Trotz Prenskys und Schulmeisters Diskurse und Meinungsverschiedenheiten kann Prenskys Forderung, sich im schulischen Bereich intensiv der Lebensumwelt der Kinder und damit auch der neuen Medien anzunehmen und diese zu integrieren, als sinnvoll erachtet werden. Schule soll keine gesonderte Einheit, sondern einen weiteren Lebensbereich der Kinder darstellen und die außerschulischen Bereiche ergänzen.

Oblinger & Oblinger (2005), die sich nur auf andere Autoren beziehen, aber nie eine eigene Studie durchgeführt haben, schreiben der *Net Generation*, wie sie die Kinder und Jugendlichen nennen, aufgrund ihrer Literaturrecherche Eigenschaften zu, die auch Schulmeister anführt, aber ebenfalls kritisch beleuchtet. Nach Oblinger & Oblinger würden sich die Mitglieder der Net Generation durch die Fähigkeit zum Multitasking, einer vornehmlich visuellen Orientierung, großer Offenheit gegenüber Minoritäten, der Fähigkeit, in Teams zu arbeiten, hoher Leistungsorientierung und der Bevorzugung von Selbsttätigkeit und entdeckendem Lernen auszeichnen (ebd.; Schulmeister, 2009, S. 28).

1.4. Medienerziehung

Besonders junge Kinder brauchen bei der Vielfalt an vorhandenen und zugänglichen Medien Hilfe, Anleitung, Beratung und Begleitung von Erwachsenen, um den Überblick nicht zu verlieren und adäquate Medien auszuwählen. Neben den Eltern sind auch die Pädagogen in diversen Institutionen, besonders in der Schule gefragt, Medienhandhabung und –nutzung so in ein pädagogisches und didaktisches Konzept zu integrieren, dass alle Kinder angesprochen werden. Dadurch können Potentiale erschlossen und vorhandene Risiken minimiert werden. Medienerziehung sollte als gemeinsame Aufgabe von Elternhaus und Schule verstanden werden. Dies hilft Eltern, die nicht die Möglichkeit haben, ihre Kinder im Umgang mit Medien zu unterstützen, die Potentiale, die sich für die Kinder eröffnen, zu erkennen (Wilde, 2007).
In vielen Grundschulen wird dem Bereich der Medienerziehung noch zu wenig Bedeutung beigemessen. Dies liegt einerseits an der schlechten medialen Ausstattung der Schulen, andererseits an den fehlenden medienpädagogischen Kompetenzen der Volksschullehrer (Tulodziecki, 2000).
Medienerziehung ist ein Teilbereich der Medienpädagogik. Tulodziecki & Herzig (2010, S. 249) beschreiben Medienpädagogik als „Gesamtheit aller pädagogisch relevanten handlungsanleitenden Überlegungen mit Medienbezug einschließlich ihrer medientechnischen und medientheoretischen bzw. empirischen und normativen Grundlagen".
Tulodziecki (2000, S. 20) geht beim Verständnis von Medienerziehung „von der allgemeinen Zielvorstellung eines sachgerechten, selbstbestimmten, kreativen und sozialverantwortlichen Handelns in einer von Medien stark beeinflussten Welt aus".
Er definiert folgende Leitideen, die in integrativer Weise zu berücksichtigen sind:

- Bewahrung vor schädlichen Einflüssen und Pflege des Wertvollen,
- Wertschätzung des Films als Kunstwerk und Kultivierung des Medienurteils,
- mündiger Umgang mit Medien zur Förderung von Bildung und Demokratie,
- Ideologiekritik und Produktion eigener Medien,
- Medienhandeln als Rezeption und Produktion im Sinne kommunikativer Kompetenz (ebd., S. 20).

In einer Untersuchung beschreibt Tulodziecki (ebd., S. 21) folgende Aufgabenbereiche, die für schulisches Arbeiten von Bedeutung sind:

- Auswählen und Nutzen von Medienangeboten,
- Gestalten und Verbreiten eigener Medienbeiträge,
- Verstehen und Bewerten von Mediengestaltungen,
- Erkennen und Aufarbeiten von Medieneinflüssen,
- Durchschauen und Beurteilen von Bedingungen der Medienproduktion und Medienverbreitung.

Er geht davon aus, dass der letztgenannte Bereich für die Grundschule nicht von ebenso großer Bedeutung sei wie für höhere Schulen. Für den Bereich der Grundschule arbeitete der Autor daher Teilaufgaben heraus. Demnach sollen die Kinder fähig sein, Medienangebote für Unterhaltung und Spiel, für Information und Lernen oder Problemlösen und Entscheidungen reflektiert auszuwählen und zu nutzen. Kinder in der Grundschule können auch schon eigene Medienbeiträge zur Dokumentation von Ereignissen oder ihrer Interessen gestalten und verbreiten und dabei selbst kreativ werden (Fotos, Hörbeiträge, Videos, aber auch Zeitungen oder Internetseiten). Sie sollen Darstellungsformen, Gestaltungstechniken und Gestaltungsabsichten verstehen und bewerten können, die damit verbundene Reduktion der Wirklichkeit kennen lernen und zwischen Bericht, Meinung, Dokumentation, Inszenierung, Realität, Fiktion, Aufklärung und Werbung unterscheiden lernen. Gefühle, Vorstellungen und Verhaltensorientierungen, die durch Medien beeinflusst sind, werden einem eigenen Aufgabenbereich zugeordnet.

Diese Aufgaben werden in der Grundschule nicht in einem eigenen Fach bearbeitet, vielmehr ist eine fächerübergreifende, schulbezogene und möglicherweise sogar jahrgangsübergreifende Beschäftigung notwendig (ebd., S. 22; Tulodziecki, 2007, S. 128 f.). Medienerziehung, die integrativ, aber nicht mit herkömmlichen Instruktionskonzepten vermittelt wird, bezieht alle Medien, mit denen die Kinder in Berührung kommen, mit ein. Das Spektrum reicht vom Buch über den Fernseher bis zum Computer und führt verschiedenste Lernbereiche wie Leseförderung und Hör- und Fernseherziehung zusammen (Hauf-Tulodziecki, 2007; Lanners & Schintgen, 2007).

Medienerziehung in der Grundschule hängt zu einem großen Teil vom Medienwissen des Lehrers ab, aber auch davon, als wie wichtig er diesen Teilbereich für seinen Unterricht und als Aufgabe der Grundschule erachtet und wie hoch seine Erwartungen sind, in dieser Hinsicht etwas bewirken zu können. Gemeint ist sowohl seine eigene Kompetenz im Umgang mit Medien, aber auch das Wissen um Medienbesitz, Mediennutzung und Medienumgang der Kinder. Für eine gute Medienerziehung ist das Bewusstsein um den Einfluss, den Medien auf Kinder haben und ob Medien für diese Altersgruppe eher eine Gefahr oder eine Bereicherung darstellen, bedeutsam. Ist der Lehrer in diesem Bereich selbst kompetent und medial gut ausgebildet, steigt die Wahrscheinlichkeit, dass er medienerzieherisch tätig wird. Einen weiteren Einfluss auf Medienerziehung im Unterricht üben die Vorstellungen und Motive für einen Einsatz aus. Je mehr Chancen und positive Aspekte ein Lehrer im Einsatz von Medien im Unterricht erkennt und je mehr pädagogisches Hintergrundwissen er zu dieser Thematik hat, umso engagierter wird er diesen Bereich in seinem Unterricht thematisieren. In Zusammenhang damit stehen der individuelle Medienumgang und das persönliche Medienwissen des Pädagogen. Erachtet er dieses Medium als wichtig, wird er damit kompetent umgehen und sein Wissen erweitern. Interessant ist in diesem Zusammenhang das private Umfeld der Lehrer. Lehrer mit eigenen Kindern im Grundschulalter kennen die Mediengewohnheiten von Kindern besser als Pädagogen, die keine eigenen Kinder in diesem Alter haben. Diese Ergebnisse gehen aus einer repräsentativen Telefonbefragung von 500 Lehrern in Nordrhein-Westfalen im Frühling 1999 hervor (Six u.a., 2000). Des Weiteren konnte anhand dieser Studie gezeigt werden, dass Lehrer trotz des hohen Stellenwertes im Leben der Kinder deren präferierte Computer- und Videospiele kaum kennen. Obwohl sich die Pädagogen bei der Befragung medienskeptisch zeigten, sind sie sich dennoch der positiven Aspekte des Mediums Computer bewusst, anders als beim Medium Fernseher, dem sie sehr kritisch gegenüberstehen. Im Vergleich zu anderen Erziehungs- und Lernbereichen beurteilen sie den Bereich der Medienerziehung als weniger wichtig. Bei spezifischen Teilfragen zur Medienerziehung erachten Lehrer den Bereich „Befähigung zum durchdachten Auswählen und Nutzen von Medienangeboten für unterschiedliche Zwecke" (ebd., S. 147) signifikant am wichtigsten. Zu dieser Fragestellung gibt es keine weiterführenden Untersuchungen, eine Entwicklung und Veränderung der Antworten der Lehrer innerhalb der letzten 12 Jahre ist ein interessantes Forschungsfeld, welches neu aufgegriffen werden sollte.

1.5. Medienkompetenz

Wenn über Menschen und Medien, das Leben und Lernen in der mediatisierten Welt der Gegenwart und deren Auswirkungen, Möglichkeiten und Grenzen gesprochen wird, ist eine Beschäftigung mit dem Begriff Medienkompetenz, egal ob im pädagogischen, politischen, wirtschaftlichen, technischen oder rechtlichen Bereich, notwendig. Der Begriff leitet sich aus dem Englischen *digital literacy* ab. Trotz viel Kritik an diesem Begriff versuchen sich unzählige Definitionen diesem unscharfen, mehrdeutigen Begriff zu nähern. Durch die rasante Entwicklung auf dem Mediensektor müssen diese Definitionen immer wieder angepasst und verändert werden. Beschreibt man den Begriff Medienkompetenz, so zerlegt man das Wort in seine Teilbegriffe Medien und Kompetenz und betrachtet diese vorweg getrennt voneinander. Mediale Berichterstattungen beschreiben Medienkompetenz neben Lesen, Schreiben und Rechnen als „vierte Kulturtechnik" (Kübler, 2008, S. 98; Groeben, 2002; Sutter & Charlton, 2002, S. 129). Vor dem Hintergrund dieser großen Forderung an die Pädagogik werden in diesem Kapitel verschiedene Definitionsversuche und Sichtweisen des Begriffes Medienkompetenz diskutiert.

Die Annäherung an den Begriff Medienkompetenz erfolgt zuerst über einen allgemeinen Kompetenzbegriff, der dann konkretisiert und auf den schulischen Bereich übertragen wird.

1.5.1. Kompetenzbegriff

Unter Kompetenzen versteht Weinert (2003, S. 27 f.) „die bei Individuen verfügbaren oder durch sie erlernbaren kognitiven Fähigkeiten und Fertigkeiten, um bestimmte Probleme zu lösen, sowie die damit verbundenen motivationalen, volitionalen und sozialen Bereitschaften und Fähigkeiten, um die Problemlösungen in variablen Situationen erfolgreich und verantwortungsvoll nutzen zu können".

Kompetenz ist ein gedankliches Konstrukt, das nicht unmittelbar beobachtbar ist, wohl aber die Ergebnisse des dahinter stehenden Problemlöseprozesses. Nach Weinerts Definition werden kognitives Wissen und Handlungswissen miteinander verbunden, was über ein reines Verständnis der Informationen hinausgeht. Ein wichtiger Faktor dabei ist die Motivation, die grundlegend für erfolgreiches Handeln und damit im schulischen Bereich von besonderer Bedeutung ist. Kompetenzen geben daher „in dreifacher Hinsicht Auskunft darüber, was jemand kann: im Blick auf seine Kenntnisse, seine Fähigkeiten, damit umzugehen, und seine Bereitschaft, zu den Sachen und Fertigkeiten eine eigene Beziehung einzugehen" (Rothböck, 2010, S. 261).

Ein Mensch, der kompetent handelt, agiert demnach ernsthaft, verantwortungsvoll, auf fachlich hohem Niveau und nicht egoistisch. Der Kompetenzbegriff wird in direkter Abhängigkeit zur kommunikativen Kompetenz gesehen, da der Mensch durch seine Fähigkeit zum sprachlichen Handeln aktiv am gesellschaftlichen Leben und seiner Veränderung teilnimmt. Dadurch ist es möglich, dass der Mensch auf beliebig viele verschiedene neue Situationen angemessen reagiert. „Eine kommunikative Kompetenz ist die Fähigkeit des Menschen, potenziell situations- und aussagenadäquate Kommunikationen auszugeben und zu empfangen, ohne an Reize und von ihnen gesteuerte Lernprozesse gebunden zu sein" (Baacke, 2007, S. 52).

Baacke (ebd., S. 54) bringt den Begriff *Handeln* in die Diskussion ein. Handlungen sind ebenso wie Kommunikation absichtlich und die beiden Komponenten bedingen einander, denn Sprache schafft die Voraussetzung für gemeinsames Handeln und Handlungen können durch die Sprache bewertet werden. Somit zeichnet sich der kompetente Mensch durch ein hohes Maß an Kommunikations- und Handlungskompetenz aus. Der englische Begriff *digital literacy* weist mit dem Wort *literacy* als „Lese-, Schreib- und Verstehensfähigkeiten" (Bastiaens u.a., 2008, S. 27) auf den sprachlichen Zusammenhang hin.

Wustinger (2009, S. 38) beschreibt die Kompetenzstufen nach Bandura, welche die Entwicklung von Kompetenzen in vier aufeinander aufbauende Stufen gliedern:

1. *Unbewusste Inkompetenz*: Auf dieser Stufe kann der Mensch etwas Bestimmtes nicht, weiß aber auch nicht davon, dass es die Möglichkeit dieses Könnens gäbe.
2. *Bewusste Inkompetenz*: Der Mensch stellt auf dieser Stufe seine Inkompetenz in einem Bereich fest und steigt in den Lernprozess ein, falls er sich dazu entscheidet, die ihm fehlende Kompetenz zu erwerben.
3. *Bewusste Kompetenz*: Durch Lernen hat sich der Mensch eine Kompetenz angeeignet und ist sich des Vorhandenseins dieser bewusst, gegebenenfalls präsentiert er dieses Können und Wissen auf dieser Stufe anderen.
4. *Unbewusste Kompetenz*: Auf dieser Stufe kann und weiß der Mensch etwas, ist sich der Präsenz dieses Wissens aber nicht (mehr) bewusst, er hat es also internalisiert.

1.5.2. Digital literacy

Beim Begriff *digital literacy*, also Medienkompetenz handelt es sich wie beim Begriff Kompetenz um ein theoretisches Konstrukt, das viele Autoren zu definieren und zu beschreiben versuchten. Die folgenden Beschreibungen weisen viele Gemeinsamkeiten auf, dennoch wird Medienkompetenz abhängig von der Zielgruppe, der Zielsetzung und des schulischen Kontextes unterschiedlich definiert. Gemeinsam ist den Definitionen, dass es sich nicht um *die Medienkompetenz* handelt, sondern dass sie sich aus einer Vielzahl divergenter Kompetenz- oder Fähigkeitsbereiche zusammensetzt (Bauer, 2007; Seib, 2006).

Für Baacke (2007, S. 4), der den Begriff Medienkompetenz prägte und von seinem Konzept der kommunikativen Kompetenz ableitet, zählt er zum wichtigsten Teilbereich der Medienpädagogik. Kommunikationskompetenz braucht somit auch soziale Kompetenz, die jeder Mensch erwerben sollte, denn nach Baackes Verständnis sind alle Menschen, egal ob Kind, Erwachsener oder alter Mensch, kompetente Lebewesen. Medienkompetenz ist demnach für ihn die Fähigkeit, sich in der mediatisierten Welt zurechtfinden zu können und „die neuen Möglichkeiten der Informationsverarbeitung auch souverän handhaben zu können" (ebd. S. 98). Um genau diese Fähigkeiten zu erlangen, ist es notwendig, dass alle Menschen Zugang zu den technischen Gegebenheiten haben.

Baacke (ebd., S. 98) unterteilt Medienkompetenz in vier Arbeitsfelder, die bearbeitet werden sollten und teilt diese den Dimensionen Vermittlung und Zielorientierung zu. Die Felder Medienkritik und Medienkunde zählen zu ersterer, wobei die Dimension Zielorientierung die Felder Mediennutzung und Mediengestaltung umfasst.

- *Medienkritik*
  Problematische gesellschaftliche Prozesse, wie etwa Konzentrationsbewegungen sollen *analytisch* erfasst und dieses Wissen *reflexiv* auf einen selbst und sein Handeln angewandt werden können. Der Mensch soll dabei analytisches Denken und reflexiven Rückbezug *ethisch*, also sozialverantwortet, abstimmen und definieren können.
- *Medienkunde*
  Der medienkompetente Mensch soll im Rahmen der *informativen* Dimension klassisches Wissen über Medien aufbauen und diese bedienen können, was Baacke (ebd., S. 99) als *instrumentell-qualifikatorische* Dimension bezeichnet.
- *Mediennutzung*
  Die Nutzung von Medien wird auf zwei Arten, *rezeptiv / anwendend* und *interaktiv / anbietend* erlernt.
- *Mediengestaltung*
  Gestalten Menschen Medien aktiv, so tun sie dies *innovativ* oder *kreativ*.

Aufenanger (2001) weist darauf hin, dass Medienkompetenz entweder als Kompetenz im technischen Bereich, also dem Kennen von Medien und dem zielgerichteten Umgang damit oder als das Zurechtfinden eines Menschen in der mediatisierten Gesellschaft beschrieben wird. Er unterstreicht, dass Medienkompetenz nicht nur auf digitale Medien, sondern auf alle Medien bezogen werden muss. Aufenanger arbeitet sechs Dimensionen zur Bestimmung von Medienkompetenz heraus. Grundlegend ist die kognitive Dimension, also die Kenntnis über Medien, Mediensysteme, Codierungen und Symbole. Darauf baut die moralische Dimension auf, bei der ethische Aspekte wie Menschenrechte oder unterschiedliche Konventionen, die soziale Verträglichkeit und mediale Auswirkungen betrachtet und beurteilt werden. Bei der sozialen Dimension werden die Auswirkungen von Medien im sozialen Kontext thematisiert, wobei die ästhetische Dimension diesen ergänzt und den Kommunikationsbereich thematisiert. Um Medien aktiv mitgestalten und damit experimentieren zu können, ist die Handlungsdimension bedeutend. Wenn Menschen früh mit Medien in Berührung kommen, können sie besser damit umgehen. Ein handlungsorientierter Zugang, also das aktive Tun und Ausprobieren, fördert den Erwerb von Medienkompetenz. Die meisten Kinder erwerben diese in erster Linie im Elternhaus. Dennoch besteht die Notwendigkeit, dass sich auch Lehrer im Laufe ihrer Ausbildung Grundlagen zur Vermittlung von Medienkompetenz und das zugrundeliegende Hintergrundwissen aneignen, da in der Schule auf den Vorerfahrungen und dem Vorwissen der häuslichen Umgebung aufgebaut werden muss.

Der Erwerb von Medienkompetenz kann nicht als abgeschlossen betrachtet werden, da sich die Technik immer weiter entwickelt und somit neue Herausforderungen mit sich bringt. Der Erwerb von Medienkompetenz ist demnach ein lebenslanger Lernprozess (Bauer, 2007).

Kübler (2008, S. 111) stellt in seiner Auffassung die der Medienkompetenz zugrunde liegenden Fähigkeiten, vor allem handlungsbezogene Aspekte, in den Vordergrund und fasst vier Dimensionen zusammen: *Kognitiv-analytische* (technische Kenntnisse, Medienangebote verstehen und untersuchen), *evaluative und kritische* (die vielfältigen Kriterien von Medien einschätzen und kritisch beurteilen), *sozial-reflexive* (sich der eigenen Beziehungen zu Medien bewusst werden und diese gegebenenfalls zu ändern) und *handlungsorientierte, produktive Fähigkeiten* (technische Handhabung bis zu eigenen medialen Produktionen).

Tulodziecki (2000, S. 21; Tulodziecki & Herzig, 2010, S. 238 ff.) arbeitet im Rahmen seiner Forschungsarbeit fünf Aufgabenbereiche heraus, die Erziehungs- und Bildungsaufgaben der Medienpädagogik beschreiben. Er gibt bereits konkrete Beispiele für die unterrichtliche Umsetzung dieser Ziele: Die Kinder sollen aus dem breiten Angebot die am besten zur Situation und Lernaufgabe passenden Medien *auswählen und nützen*. Daneben können gegebenenfalls auch nicht-mediale Möglichkeiten, wie der Besuch eines Museums in Betracht gezogen werden. Kinder sollen zudem lernen, eigene Medienbeiträge, beispielsweise ihre eigene Meinung zu einem Thema, zu *gestalten und verbreiten*. Das kann vom Erstellen eines Geschichtenbuches bis hin zu Videobeiträgen oder Computeranwendungen reichen. Um *Medieneinflüsse erkennen und aufarbeiten* zu können, müssen die Kinder zuerst die zugrunde liegenden *Mediengestaltungen verstehen und bewerten* lernen. Die beste Voraussetzung dafür sind eigene, konkrete Erfahrungen. Erst wenn sie durch selbst erstellte Beiträge die differierende Wirkung verschiedener Medien erfahren, können die Schüler erkennen, welchen Einfluss Medien auf sie selbst haben und wie sie diesen begegnen können.

In einer Gegenüberstellung der hier vorgestellten Medienkompetenzdimensionen wird deutlich, dass sich diese sowohl in der Anzahl, als auch in ihrer Art unterscheiden, es aber dennoch Überschneidungen gibt:

Baacke	Aufenanger	Kübler	Tulodziecki
Medienkritik	Kognitive Dimensionen	Kognitiv-analytische Fähigkeiten	Auswählen und Nutzen von Medienangeboten
Medienkunde	Moralische Dimensionen	evaluative und kritische Fähigkeiten	Gestalten und Verbreiten eigener Medienbeiträge
Mediennutzung	Soziale Dimensionen	sozial-reflexive Fähigkeiten	Verstehen und Bewerten von Mediengestaltungen
Mediengestaltung	Affektive Dimensionen	handlungsorientierte, produktive Fähigkeiten	Erkennen und Aufarbeiten von Medieneinflüssen
	Ästhetische Dimensionen		Durchschauen und Beurteilen von Bedingungen der Medienproduktion und Medienverarbeitung
	Handlungsdimension		

Abbildung 1: Gegenüberstellung der Medienkompetenzdimensionen

Doelker (Süss u.a., 2010, S. 110) beschreibt den Weg eines Menschen von der naiven Mediennutzung zu einer kompetenten Form in insgesamt zehn Perspektiven und bezog in seine Beschreibung alle Medien mit ein:

- Perspektive 1: Präsenz der Medien
- Perspektive 2: Medien einschätzen lernen
- Perspektive 3: Medien auswählen lernen
- Perspektive 4: Medien lesen lernen
- Perspektive 5: Medien beurteilen lernen
- Perspektive 6: Medien herstellen lernen (Schreiben lernen)
- Perspektive 7: Medien auswerten lernen
- Perspektive 8: Medien beeinflussen lernen (intervenieren und Feeback geben)
- Perspektive 9: Medien einsetzen lernen (als Unterstützung für Lerrnprozesse)
- Perspektive 10: Leben mit und ohne Medien (verantwortungsvolle Integration in den Lebensalltag)

Bastiaens u.a. (2008, S. 33) werfen die Frage auf, ob die Entwicklung des Internets der letzten Jahre hin zum sozialen Web (Web 2.0) eine spezielle Form der Medienkompetenz, eine *Medienkompetenz 2.0* notwendig macht, die die neuen Möglichkeiten, die das Web 2.0 bietet, mit einbezieht. Da der Themenschwerpunkt dieser Arbeit aber nicht auf der Integration des Internet in den Volksschulunterricht liegt, sei in diesem Zusammenhang als weiterführendes Gedankenkonstrukt nur darauf verwiesen.

1.5.3. Medienkompetenz in der Institution Schule

Durchaus kritisch anzumerken ist, dass die theoretischen Konzepte zur Medienkompetenz, die im vorigen Teil besprochen wurden, wenig konkret sind und beispielsweise keine Ausdifferenzierungen der einzelnen geforderten Kompetenzbereiche in Hinblick auf Altersstufen anbieten. Durch den Vergleich der unterschiedlichen Alters- und Entwicklungsstufen in der Institution Schule wird dieser Mangel besonders deutlich (Süss u.a., 2010, S. 105).

Aufgrund der hohen medialen Ausstattung im Privatbereich sind Kinder im Umgang mit den verschiedensten Medien bereits sehr kompetent. Wenn der Lehrer diese Chance nicht ignoriert, sondern in seinem Unterricht thematisiert, kann er die pädagogische Aufgabe, einen produktiven und reflektierten Umgang mit Medien anzuregen, erfüllen. Die Schüler sollen nicht nur *über* Computer, sondern auch *mit* Computern lernen und zu einem verantwortungsvollen Umgang damit befähigt werden (Schrack, Dorninger, Menzel & Olensky, 2010).

Wilde (2007, S. 163) bezeichnet Medienkompetenz als Schlüsselkompetenz, „eine Voraussetzung zur Teilhabe am gegenwärtigen und zukünftigen gesellschaftlichen Leben". Bereits im Kindergarten, weiterführend in der Volksschule und allen folgenden Schulformen, sollen die Kinder eine Lernumgebung geboten bekommen, die sie zu einem aktiven, aber auch kritischen Umgang mit Medien befähigt. Institutionen haben die Möglichkeit, die Verschiedenartigkeit der häuslichen Medienumgebung auszugleichen und für alle Kinder gleiche Bedingungen zu schaffen. Die Kinder sollen „mediale Angebote zielführend auswählen, rezipieren, bewerten, weiter verarbeiten und selbst Medienangebote produzieren" lernen (ebd. S. 163).

Nicht alle Kinder haben im Elternhaus die Möglichkeit, Medienkompetenz aufzubauen, sich Medienwissen anzueignen oder technische Fertigkeiten zu erwerben. Die Institution Schule bildet eine Brücke, diese Differenzen zu nivellieren und zu vermeiden, dass die Kluft zwischen medienkompetenten und nicht-medienkompetenten Menschen immer größer wird (Lanners & Schintgen, 2007).

Die Grundschule benötigt für die Vermittlung von Medienkompetenz veränderte Rahmenbedingungen, wobei die Anschaffung von neuen Geräten für die Klassenzimmer nicht ausreicht. Aus-, Fort- und Weiterbildung der Lehrpersonen in diesem Bereich müssen forciert, das Lernen in der Klasse muss verändert werden (Bauer, 2007). Die didaktischen

Voraussetzungen und Umsetzungsmöglichkeiten dazu werden in Kapitel 2 detailliert beschrieben.

Die Vermittlung von Medienkompetenz sieht Baacke (2007, S. 96) als *grenzüberschreitend*, wobei er die zentralen Sozialisationsinstanzen Elternhaus, Schule und Peers fokussiert. Die Vermittlung von Medienkompetenz ist daher ein wichtiges Ziel der Schule, das die Schüler anleitet, „die neuen Möglichkeiten der Informationsverarbeitung auch souverän handhaben zu können" (ebd. S. 98).

„Die Medienkompetenz ist somit interdisziplinär und unter dem Gesichtspunkt des jeweiligen Gegenstands zu vermitteln" (Schrack u.a., 2010), wobei Bonfadelli (2005) explizit darauf hinweist, dass die Kulturtechniken des Lesens und Schreibens weiterhin oberste Priorität haben, durch digitale Literalität und Internet-Kompetenz ergänzt werden sollen.

Mandl, Reinmann-Rothmeier & Gräsel (1998, S. 33) verlangen auch von den Lehrern ein gewisses Maß an Medienkompetenz. Die Rolle des Lehrers beim Einsatz von Medien im Allgemeinen und digitalen Medien im Besonderen und bei der Vermittlung von Medienkompetenz, wird ebenfalls in Kapitel 2 genauer diskutiert.

1.6. Auswirkungen von Medienkonsum

Verbringen Menschen viel Zeit mit Medien, hat das Auswirkungen auf die unterschiedlichsten Bereiche ihres Lebens. Diese Auswirkungen können ganze Gesellschaftsbereiche, aber auch das Leben des Einzelnen betreffen.

Baacke (2007, S. 62 ff.) beschreibt sehr treffend, wie sich Kindheit und Jugend in den letzten Jahren verändert haben, wobei die individuellen Unterschiede nicht verleugnet werden dürfen und niemals auf alle Kinder und Jugendlichen geschlossen werden kann.

Viele Kinder wachsen zwar einerseits sehr geschützt in einem familiären Rahmen auf, der teilweise für die Kleinsten schon von Terminen geprägt ist, andererseits kommen sie durch die Medien mit Themen in Kontakt, die man versucht, von ihnen fern zu halten:

> Die domestizierenden Fahrpläne durch die Kinderphase werden gerade durch die Medien widerspruchsvoll erweitert, auf Lebens- und Beobachtungsräume, die Kindern in der unmittelbaren Erlebniswelt in der Regel vorenthalten werden. In fast paradoxer Verschränkung verbinden sich so Zeitplanung, in die dann auch die Mediennutzung eingelassen ist, und symbolische Fluchtzeiten und Fluchträume in den Medien-Imagines (ebd., S. 64).

Diese Veränderungen setzen sich in der Jugendphase fort.

Die Auswirkungen, die vermehrter Medienkonsum und in weiterer Folge eine höhere Medienkompetenz auf die Kluft zwischen den Weltregionen haben, wird in der Fachsprache *Digital divide* genannt (Wittmann, 2010). Hier sollen weder die Unterschiede im globalen

Rahmen noch verschiedene Digital-Divide-Modelle betrachtet, sondern die Gründe für unterschiedliche Mediennutzung und die Rolle der Bildungsinstitutionen beschrieben werden. Des Weiteren werden mögliche Auswirkungen auf Bereiche der Psyche und das Lernen von Kindern betrachtet.

1.6.1. Digital divide

Die soziale Herkunft, das Milieu und nicht zuletzt das Bildungsniveau der Eltern sind entscheidend für die Bildungs- und Entwicklungschancen von Kindern. Das Interesse an sozialen Ungleichheiten wuchs auch in der Medienpädagogik und *Digital divide* wird weniger als technisches, denn als soziales Problem wahrgenommen (Niesyto, 2010). Bonfadelli (2005, S. 14 f.) fasst zusammen:

> Die neuen Informations- und Kommunikationstechniken bringen lediglich bekannte Probleme wie Unterprivilegierung und Marginalisierung ans Licht bzw. akzentuieren und verstärken sie. Darum sind die digitalen Klüfte im Ausmaß und in der Qualität des gesellschaftlichen Wissens auch keine nur digitalen, sondern sie sind nach wie vor das Resultat ungleicher Bildungsvoraussetzungen bzw. der gesellschaftlichen Benachteiligung bildungsferner Bevölkerungsschichten.

Wissen gilt gegenwärtig in unseren Breitengraden als Kernressource, die neben der „Fähigkeit, relevante Informationen für Handlungsorientierungen zu erlangen, für die Teilhabe an allen gesellschaftlichen Bereichen entscheidend" (Wittmann, 2010, S. 11) ist. Für Dominanzfragen werden Wissen und Informationsverarbeitung immer mehr die entscheidenden Faktoren sein. Vor diesem Hintergrund kann man den Aufbau von Wissen in einer Gesellschaft als *Sozialinvestition* bezeichnen und es ist nötig, allen Mitgliedern dieser Informationsgesellschaft den Zugang zu Information, Bildung und Wissen zu ermöglichen. Bevölkerungsgruppen, auf die in diesem Zusammenhang besonderes Augenmerk gelegt wird, sind neben Kindern auch Senioren, Frauen und Arbeitslose. Geht man davon aus, dass Menschen mit einem höheren Bildungsabschluss digitale Medien häufiger und intensiver nutzen als Personen mit einem niedrigeren Bildungsabschluss und sie somit mehr Zugang zu Wissen und Informationen haben, so liegt der Schluss nahe, genau hier, nämlich im Bildungsbereich, anzusetzen. Weitere bedeutende Faktoren, die zur Ausweitung der digitalen Kluft beitragen, sind die Höhe des Einkommens und der Beschäftigungsstand, welche wiederum in enger Wechselbeziehung mit dem Bildungsabschluss stehen (Baacke, 2007; Konert, 2010; Wittmann, 2010). Neben der Frage, ob das Internet überhaupt genützt wird, gibt es große Unterschiede bei der Art der Nutzung. Hier wird die Kluft zwischen kompetenten, informationsorientierten und unterhaltungsorientierten Nutzern deutlich. Hargittai (2010, S. 56) nennt dieses Phänomen „Second-Level Digital Divide".

Um die Angebote, die Computer und besonders das Internet als große Wissensdatenbank und schier unerschöpfliche Informationsquelle bieten, auch nutzen zu können, sind gewisse Voraussetzungen wie Methoden zur Wissensaneignung oder Medienkompetenz nötig (Konert, 2010).

Die Verantwortung der Bildungsinstitutionen, die unterschiedlichen Voraussetzungen aus dem häuslichen Umfeld in der Schule auszugleichen, chancengleiche Möglichkeiten für alle Schüler zu bieten und somit die digitale Kluft zu verringern, ist bedeutsam. Den Kindern soll im Rahmen einer gut durchdachten und konzipierten Medienerziehung eine kritische Auseinandersetzung mit Medien ermöglicht werden und sie sollen dazu angeleitet werden, „Medien für die eigene Persönlichkeitsentwicklung aktiv und differenziert zu nutzen" (Niesyto, 2010, S. 179). In der Volksschule kann man dazu die Grundlagen bieten, die im weiteren Bildungsverlauf ausdifferenziert werden müssen.

Weitere spannende Betrachtungspunkte könnten die digitale Kluft zwischen Lehrern und Schülern oder die digitale Kluft im Bereich der Migration sein, werden aber in diesem Rahmen nicht weiter erörtert.

1.6.2. Auswirkungen auf die Psyche und das Lernen

Immer wieder machen Autoren (Spitzer, 2008; Patzlaff, 2006) auf die Gefahren, die mit einem erhöhten Medienkonsum, in erster Linie Fernsehen und Computerspiele, einhergehen aufmerksam. Besonders Spitzer (2008) weist auf den großen Einfluss elektronischer Medien auf die Gehirnentwicklung im Kindes- und Jugendalter hin und fordert: „In Kindergärten und Grundschulen haben Bildschirmmedien (…) fast nichts verloren" (ebd., S. III). Er unterstellt Bildschirmmedien sogar, für den Tod vieler Menschen verantwortlich zu sein und meint: „Aufgrund der Bildschirm-Medien wird es in Deutschland im Jahr 2020 jährlich etwa 40.000 Todesfälle durch Herzinfarkt, Gehirninfarkt, Lungenkrebs und Diabetes-Spätfolgen geben; hinzu kommen jährlich einige hundert zusätzliche Morde, einige tausend zusätzliche Vergewaltigungen und einige zehntausend zusätzliche Gewaltdelikte gegen Personen" (ebd. S. 12). Als ganz besonders gefährlich stuft er die zunehmende Gewalt sowohl im Fernsehen, als auch bei Computerspielen ein, denen Kinder praktisch hilflos ausgeliefert sind. Obwohl dies ein ganz wichtiger Aspekt ist, wenn über Kinder und Medien diskutiert wird, soll ein Hinweis auf diese Thematik hier genügen.

Spitzers (2008) Ausführungen, die sich auf eine Vielzahl unterschiedlichster Studien stützen, klingen durchaus plausibel. Dennoch muss angemerkt werden, dass diese erschreckend klingenden Auswirkungen einem sehr hohen Medienkonsum von mehreren Stunden täglich zuzuschreiben sind.

Patzlaff (2006) warnt vor den negativen Auswirkungen des hohen Medienkonsums auf Sprachentwicklung und Sprechfähigkeit. Als Gründe nennt er das fehlende Gespräch in der Familie durch Dauerbeschallung und Isolation und die Reduzierung der Sprache auf Einwortsätze. Die mit dem Medienkonsum einhergehende mangelnde Bewegung führt zu Defiziten in der Grob- und Feinmotorik und zu Kreativitätsverlusten.

Abgesehen von diesen düsteren Prognosen weist Spitzer (2008) darauf hin, dass Kinder im Vorschulalter, die täglich bereits zwei Stunden und länger vor einem Bildschirmmedium, meist dem Fernseher verbringen, eine größere Wahrscheinlichkeit haben, an Schulschwierigkeiten, wie mangelnder Aufmerksamkeit und verminderter Konzentrationsfähigkeit, zu leiden.

Spitzer (2008) betrachtet in erster Linie den Medienkonsum im Privatbereich. Er gibt zwar einige Hinweise, was man im schulischen Umfeld tun könnte, um all diese Probleme zu verringern, diese sind für einen Lehrer, der mit mehr als 20 Kindern konfrontiert ist, die sehr wohl schon deutlich von Medien geprägt sind, nicht umsetzbar.

1.7. Zwischenfazit

Welche Rolle Medien im Leben von Menschen spielen wurde hinreichend besprochen. Dies konkludiert, dass im schulischen Kontext eine Beschäftigung mit dieser Thematik und den damit verbundenen Konsequenzen auf den Lebensalltag und die Entwicklung von Kindern bedeutsam ist und einer umfassenden Betrachtung bedarf.

Soll der Einsatz von Medien im Bildungsbereich und speziell in der Volksschule gewinnbringend gestaltet werden, so ist der Aufbau einer grundlegenden Medienkompetenz erforderlich. Erst wenn die Kinder lernen, mit den zur Verfügung stehenden Medien kompetent, also verantwortungsvoll, zielgerichtet und mit fachlichem Hintergrundwissen umzugehen, wird der Mehrwert für das Lernen allgemein und besonders das schulische Lernen, deutlich.

2. Computer und Internet in der Schule

Im Lehrplan der österreichischen Volksschule wird die Heranführung der Kinder an digitale Medien als Bildungsaufgabe und Medienerziehung als Unterrichtsprinzip definiert:

> Entwicklung und Vermittlung grundlegender Kenntnisse, Fertigkeiten, Fähigkeiten, Einsichten und Einstellungen, die dem Erlernen der elementaren Kulturtechniken (einschließlich eines kindgerechten Umganges mit modernen Kommunikations- und Informationstechnologien), einer sachgerechten Begegnung und Auseinandersetzung mit der Umwelt sowie einer breiten Entfaltung im musisch-technischen und im körperlich-sportlichen Bereich dienen (Bundesministerium für Unterricht, Kunst und Kultur, 2008, S. 6 f.).

Zeitgemäßer Unterricht geht von der Lebenswirklichkeit und den Alltagserfahrungen des Kindes aus und integriert diese. Da, wie bereits erörtert, Medien ein wichtiger Bestandteil der kindlichen Lebensumwelt sind, ist es wichtig, diese im Unterricht zu thematisieren. Kinder sehen Computer nicht nur als Spielgerät, ihnen ist durchaus bewusst, dass ein Computer auch beim Arbeiten hilfreich ist. Die Schüler verwenden Computer zu Hause, um Aufgaben für die Schule zu erledigen. Um Neue Medien sinnvoll im Unterricht einzubinden und den richtigen Umgang beim Arbeiten anzuleiten, ist eine Änderung der bisherigen Unterrichtsformen notwendig, bei denen nicht mehr das Lehren im Vordergrund steht, sondern innovative, schülerzentrierte Formen des Lernens. Ein zeitgemäßer Unterricht in der Grundschule sollte von offenen und schülerzentrierten Lernangeboten geprägt sein und den Schülern Eigenaktivität ermöglichen. Medien, speziell Neue Medien wie Computer und Internet, bieten den Kindern Unterstützung in ihrem Lernprozess, der Lehrer wird zum Organisator, Berater, Gesprächspartner und Helfer. Der Einsatz digitaler Medien soll nicht bedeuten, dass traditionelle Medien wie Schulbücher, Hefte, Wandtafeln und Material zum Hantieren ihre Bedeutung verlieren. Vielmehr soll der Computer mit all seinen Möglichkeiten die Schüler beim aktiven Lernen unterstützen und damit eine wertvolle Ergänzung im Unterricht sein (Grimus, 2000; Moser, 2007; Niesyto, 2010; Medienpädagogischer Forschungsverbund Südwest, 2011, S. 27).

Die Autoren der KIM-Studie 2010 kommen nach Befragungen von Schülern zu dem Ergebnis, dass diese zwar Kontakt mit Computern haben, der Einsatz im Regelunterricht allerdings unregelmäßig stattfindet, wobei hier die Bereiche Textverarbeitung, Lernprogramme und Internetrecherche dominieren (Medienpädagogischer Forschungsverbund Südwest, 2011). Die folgende Grafik veranschaulicht, welche Disziplinen und Bereiche sich mit dem Einsatz von Computer in der Volksschule beschäftigen. Einige Perspektiven werden in dieser Arbeit betrachtet, für andere, beispielsweise die Sicht der Eltern, ist hier kein Platz, obwohl es sich durchaus um ein sehr interessantes Themenfeld handelt und sich ein Blick darauf lohnen würde.

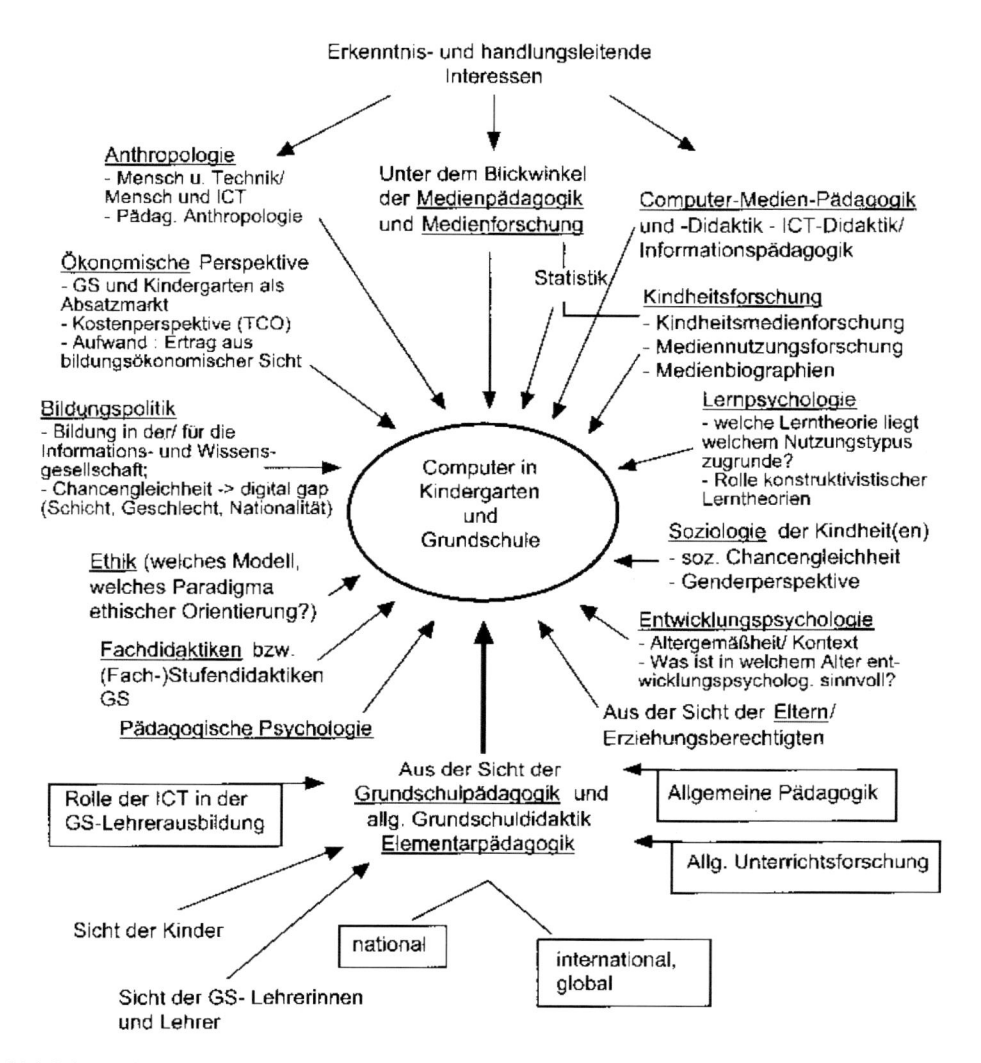

Abbildung 2: „Perspektivische Zugriffe auf das Thema „Computer, Grundschule und Kindergarten" (Themenrelevante Hauptperspektiven)" (Mitzlaff, 2007b, S. 5)

Zopfi (2007) vergleicht die ersten Schritte am Computer mit dem Erlernen des Fahrradfahrens. Lernt man zuerst die technischen Details des Fahrrads und die Theorie des Fahrradfahrens kennen, wird man das Fahren wohl kaum ausprobieren. Fahrrad fahren lernt man am besten, indem man es tut. Genauso verhält es sich mit der Bedienung des Computers. Am besten macht man die ersten Schritte auf dem Gerät, indem man ausprobiert und hantiert. Fehler werden nicht als etwas Negatives, sondern als Wegbausteine zum Erfolg gesehen. Herkömmliche Didaktik, bei der zuerst die Theorie gelehrt und dann die Praxis erprobt wird, führt beim Kennenlernen der Arbeit am Computer genauso wenig zum Erfolg wie beim Fahrradfahren.

In diesem Kapitel werden zuerst die verschiedenen Voraussetzungen, die einen Einsatz von Computern und digitalen Medien erst ermöglichen, erläutert. Dazu zählen neben der technischen Ausstattung auch die curricularen Vorgaben des Bundes und die Voraussetzungen, die der unterrichtende Lehrer mitbringen sollte. Anschließend werden umfassende didaktische Überlegungen angestellt und dabei lerntheoretische Betrachtungen in den Mittelpunkt gestellt. Dass der Einsatz neuer Medien im Unterricht der Volksschule zwar hilfreich, aber kein Allheilmittel ist, und es gleichfalls Grenzen gibt, soll ebenso thematisiert werden.

2.1. Voraussetzungen

Um Computer und Internet sinnvoll im Unterricht integrieren zu können und einen Mehrwert zu generieren, müssen einige Voraussetzungen erfüllt werden. Dabei spannt sich der Bogen von technischen über organisatorische und strukturelle bis hin zu personellen Gegebenheiten, wobei die Voraussetzungen, die die Kinder für die ersten Schritte am Computer mitbringen sollten, denkbar gering sind. Es gibt bereits viele Lernprogramme, bei denen grundlegende technische Fertigkeiten wie die Bedienung der Maus oder der Tastatur geübt werden können. Vorübungen dieser Art sind Teil der Mathematik-CD-Roms, die im Rahmen dieser Arbeit vorgestellten werden. Dennoch werden für weiterführende Aktivitäten, vor allem für Arbeiten mit Textverarbeitungsprogrammen oder mit dem Internet weitere Kompetenzen benötigt. Am wichtigsten erscheint hier die Lesekompetenz. Je schneller und besser die Kinder sinnerfassend lesen können, umso leichter wird es ihnen fallen, Informationen zu finden und zu erfassen (Seib, 2006, S. 56). In dieser Arbeit stehen die Kompetenzen, die für die Arbeit mit Lernsoftware von Bedeutung sind, im Mittelpunkt.

2.1.1. Medienausstattung von Schulen

Hauf-Tulodziecki (2007, S. 134) formulierte die technischen Anforderungen folgendermaßen:

> Auf der Ausstattungsseite müssen die technischen Voraussetzungen gegeben sein oder hergestellt werden, z.B. Computer in den Klassenzimmern und ggf. in weiteren Räumen, bei Bedarf zusätzliche (mobile) Arbeitsplätze, eine Vernetzung von Geräten, ihre kontinuierliche Wartung und Pflege sowie die erforderliche Software mit den Nutzungslizenzen. Die räumlichen Gegebenheiten sind nach Möglichkeit an die geplanten Arbeitsformen anzupassen. So muss z.B. Platz für Medienecken geschaffen werden.

Durch die vermehrte Akzeptanz des Einsatzes von Computer und Internet in der Schule und der Festsetzung der Thematik in den Lehrplänen, werden Volksschulen nicht mehr nur mit ausrangierten, alten und nur mehr halb funktionstüchtigen, sondern mit neueren Geräten ausgestattet (Mitzlaff, 2007d). Mitzlaff (2007e) fordert für Grundschulkinder Geräte, die ergonomisch besonders hochwertig sind und bedienerfreundliche Oberflächen haben.

Die immer geringer werdenden Anschaffungskosten führen dazu, dass die Leistung der Geräte an Grundschulen zunimmt und Flachbildschirme und Laptops häufiger eingesetzt werden. Besondere Herausforderungen stellen die schnelle Veralterung sowohl von Hard- als auch von Software und Probleme bei Programm-Updates dar.

Bei der Anschaffung von neuen Geräten sollten inhaltliche vor technischen Überlegungen stehen, daher muss zuerst geklärt werden, wie diese Geräte genutzt werden sollen. Nur wenn Technik und Inhalt aufeinander abgestimmt sind, ist eine didaktisch sinnvolle Verwendung zu erwarten.

Die Bedürfnisse der einzelnen Schulen dürfen nicht missachtet werden. Ein Konzept, das für eine Schule perfekt ist, kann nicht zwingend auf jeden anderen Standort umgelegt werden. Im Sinne eines nachhaltigen Medienkonzeptes müssen nicht nur die Kosten der Anschaffung der Geräte, sondern auch anfallende Wartungskosten in der Planung berücksichtigt werden (Döbeli Honegger, 2007).

Neben der Entscheidung für die technische Ausstattung ist die räumliche Frage präsent: Werden die Geräte in Form von Medieninseln oder Medienecken im Klassenraum positioniert oder gibt es Computerräume? Für die Grundschule haben sich die Existenz von zwei vernetzten Computern mit einem Drucker und Internetanbindung im Klassenraum als optimale Lösung erwiesen. In einigen Schulen existieren parallel dazu Informatikräume, um im Klassenverband Unterricht mit gleichen Lerninhalten für alle Schüler gemeinsam anbieten zu können. Neue Entwicklungen gehen in Richtung *Laptopklassen*, bei denen die mobilen Geräte dort eingesetzt werden, wo sie gerade benötigt werden. Nachteilig könnte sich die größere Strahlung der kabellosen Netzwerke auswirken.

Die Anordnung der Geräte im Klassenraum ist für den Einsatz in der Praxis bedeutend. Durch das Nebeneinanderstellen einiger Geräte oder das Bereitstellen mehrerer Sitzplätze vor dem Computer kann der soziale Austausch gefördert werden. Nachteilig hat sich in der Praxis die Positionierung der Geräte in Tafelnähe erwiesen, da die Geräte unter dem Kreidestaub leiden.

Eine kritische Auswahl hochwertiger Software unterstützt die praktische Arbeit in der Klasse (Clements & Sarama, 2007; Niewel, 2007).

Aus eigener Erfahrung kann berichtet werden, dass der integrierte Einsatz von Computer und Lernsoftware nur möglich ist, wenn sich mindestens ein Gerät für zehn Kinder im Klassenraum befindet, wobei die Existenz von Drucker und Internetanbindung positiv zu bewerten ist. Daneben bietet ein eigener Informatikraum mit modernen Peripheriegeräten wie Drucker, Scanner, Beamer und Internetanbindung viele Vorteile, wenn allen Kindern grundlegende Fertigkeiten zur selben Zeit vermittelt werden sollen. Bei der Implementierung müssen die Geräte so angeordnet werden, dass kollaboratives Arbeiten möglich ist, der Lehrer rasch zu den einzelnen Schülern gelangt, um bei Fragen und Problemen helfen zu können und die Schüler von allen Plätzen einen zentralen Punkt, beispielsweise einen Beamer, gut einsehen können.

2.1.2. Curriculare Vorgaben

Im Lehrplan der österreichischen Volksschule (Bundesministerium für Unterricht, Kunst und Kultur, 2008, S. 15) wird im Rahmen der allgemeinen Bildungsziele ein kindgerechter Umgang mit elektronischen Kommunikations- und Informationstechnologien gefordert. Des Weiteren wird Medienerziehung als Bildungs- und Erziehungsaufgabe, als sogenanntes „Unterrichtsprinzip" an dritter Stelle genannt. Ein Curriculum für einen eigenen Unterrichtsgegenstand existiert nicht. Ebenso fehlen konkrete Anhaltspunkte, wie diese Bildungs- und Erziehungsaufgabe im Unterricht praktisch umgesetzt werden könnte, vielmehr müssen die Forderungen fächerübergreifend in den Unterricht integriert werden. Als konkretes Beispiel für die positiven Aspekte werden die Vorteile von Kommunikations- und Informationsmedien im Hinblick auf den selbsttätigen Bildungserwerb genannt. Besonderes Augenmerk wird auf die vielfältigen Möglichkeiten im Rahmen der Differenzierung und Individualisierung gelegt:

Moderne Kommunikations- und Informationstechniken (Einsatz nach Maßgabe der ausstattungsmäßigen Gegebenheiten an der Schule)

Die Möglichkeiten des Computers sollen zum selbstständigen, zielorientierten und individualisierten Lernen und zum kreativen Arbeiten genutzt werden. Der Computer kann dabei eine unmittelbare und individuelle Selbstkontrolle der Leistung ermöglichen. Beim praktischen Einsatz des Computers im Unterricht ist auf den möglichst unkomplizierten und einfachen Zugang für die Schülerinnen und Schüler zu achten. Dies wird durch den integrativen Einsatz des Computers im Klassenzimmer in der Regel besser erreicht als durch die Benutzung zentraler Computerräume. Ergonomische Gesichtspunkte sind zu beachten (ebd. S. 13 f.).

Beschäftigt man sich mit den einzelnen Fächervorgaben, so findet man in den verschiedensten Bereichen Hinweise, wie Medien konkret integriert werden können. Für den Sachunterricht werden im Lern- und Erfahrungsbereich Wirtschaft „Bewusstes Ansehen bzw. Anhören von Fernseh- und Radiosendungen, CDs, Kassetten, Videos, …" und „Anbahnen einer kritischen Haltung beim Gebrauch der Medien" (ebd., S. 40) als Zielvorgaben definiert. Des Weiteren sollen die Schüler schon in der Volksschule befähigt werden, Informationen unter Zuhilfenahme geeigneter Medien finden (ebd., S. 90).

Im Unterrichtsfach Bildnerische Erziehung können neben Bereichen wie Grafik und Malerei auch Fotografie, Film, Video und Neue Medien kennen gelernt und erprobt werden (ebd., S. 170).

Im Grundsatzerlass Medienerziehung des Bundesministeriums für Unterricht, Kunst und Kultur (2001, S. 6) finden sich zwar theoretische Betrachtungen, allerdings keine praktischen Beispiele für Lehrer, die sich intensiver mit der didaktischen Gestaltung ihres Unterrichts in Hinblick auf Medienerziehung auseinandersetzen wollen. Es wird lediglich darauf hingewiesen, dass sich neben dem Deutsch- und Sachunterricht auch alle anderen Unterrichtsgegenstände für die praktische Umsetzung des Erlasses anbieten würden und dass auf die Erlebnisse und Erfahrungen der Kinder Bezug genommen werden soll.

2.2. Didaktische Überlegungen

Betrachtet man das Unterrichtsgeschehen und dessen Einfluss auf den Lernenden, spricht man von Didaktik (PELe, 2006). Werden Medien in diese Betrachtungen integriert, nennt man diesen Bereich Mediendidaktik. In diesem Zusammenhang stehen die folgenden Diskussionen, wenn der Computereinsatz im Volksschulunterricht hinsichtlich seines didaktischen Hintergrundes thematisiert wird. Ob die Mediendidaktik der allgemeinen Didaktik oder der Medienpädagogik zugeordnet werden oder als eigenständiger Gegenstandsbereich geführt werden soll, wird in der einschlägigen Literatur kontrovers diskutiert, soll hier aber nicht weiter ausgeführt werden. Essentieller erscheinen in diesem Kontext die Inhalte und Aufgabenbereiche der Mediendidaktik (Süss u.a., 2010, S. 149 f.).

De Witt & Czerwionka (2007, S. 32) definieren Mediendidaktik folgendermaßen:

> Die Mediendidaktik befasst sich mit den Funktionen, der Auswahl, dem Einsatz (einschließlich seiner Bedingungen und Bewertung), der Entwicklung, Herstellung und Gestaltung sowie den Wirkungen von Medien in Lehr- und Lernprozessen. Das Ziel der Mediendidaktik ist die Optimierung von Lernprozessen mithilfe von Medien.

Es gibt hinreichende Argumente, die einen Einsatz von Computern bereits im Grundschulalter rechtfertigen (Neuß, 2007; Gill & Wood, 2007; Tulodziecki & Herzig, 2010; Radnitzky & Westfall-Greiter, 2009):

- Kinder, die im Alltagsleben mit Medien konfrontiert werden, sollen im Unterricht Medienkompetenz aufbauen.
- Kinder sollen im Unterricht Computer als Lern-, Gestaltungs- und Arbeitsmittel und als positive Erweiterung ihrer Erfahrungsmöglichkeiten kennen lernen.
- Kindern soll mit Medien die Möglichkeit zur Identitätsbildung gegeben werden.
- Durch aktive Elternarbeit können familiäre Medienerziehung positiv beeinflusst und negative Einflüsse auf die kindliche Sozialisation und Entwicklung abgeschwächt werden.

- Durch den Einsatz neuer Medien wird die Chancengleichheit gefördert und Kinder, die im Elternhaus nicht die Möglichkeit haben, Computer zu nutzen, können dies im Unterricht tun und den Umgang damit erlernen.
- Die Produktivität der Schüler wird durch fächerübergreifenden Einsatz von Computern gesteigert.
- Verschiedene Repräsentationsformen von Lerngegenständen werden ermöglicht und kreative, handelnde und produktive Prozesse ermöglichen einen positiven Zugang.
- Computer schaffen schülerzentrierte Lernumgebungen, bei denen Teamarbeit und somit sozialer Austausch, über räumliche Distanzen hinweg, gefördert wird.
- „Computer sind eindrucksvolle Lernwerkzeuge und bieten realistische und interaktive Lernerfahrungen" (Gill & Wood, 2007, S. 286), auch wenn reale Erfahrungen in einem Lernbereich nicht möglich sind.
- Mit Hilfe von Medien ist es möglich, den Kindern „Prozesse und Sachverhalte aus dem Mikro- und Makrobereich zu veranschaulichen, u.U. erst sichtbar zu machen" (Tulodziecki & Herzig, 2010, S. 21).
- Durch die Integration neuer Medien in offene und freie Lernarrangements wird Differenzierung und Individualisierung erleichtert und leistungsstarke Kinder werden ebenso gefordert und gefördert wie leistungsschwache Kinder.

Moderner Grundschulunterricht hängt nicht alleine von der Existenz von Computern in der Klasse ab, weiterführende didaktische Überlegungen sind erforderlich (Mitzlaff, 2007a, S. 81). Mitzlaff (ebd, S. 93) fasst die Kernziele bei der Arbeit mit Computern im Volksschulunterricht, die über die reine Vermittlung von stofflichen Inhalten hinausgehen, in einer anschaulichen Grafik zusammen. Dabei wird deutlich, dass das einzelne Kind mit seinen gesamten Vorerfahrungen, seinem sozialen Hintergrund, seinen Stärken und Schwächen im Mittelpunkt steht und welche Möglichkeiten der Medieneinsatz für die unterschiedlichen Bereiche des kindlichen Lernens bietet. Der Aufbau von Medienkompetenz steht als Zielvorgabe gleichwertig neben Selbsttätigkeit und Selbstständigkeit, Individualität, Motivation und kooperativen Lernangeboten. Durch den Computer ist es möglich, verschiedene Sinneskanäle und damit die unterschiedlichen Lerntypen anzusprechen.

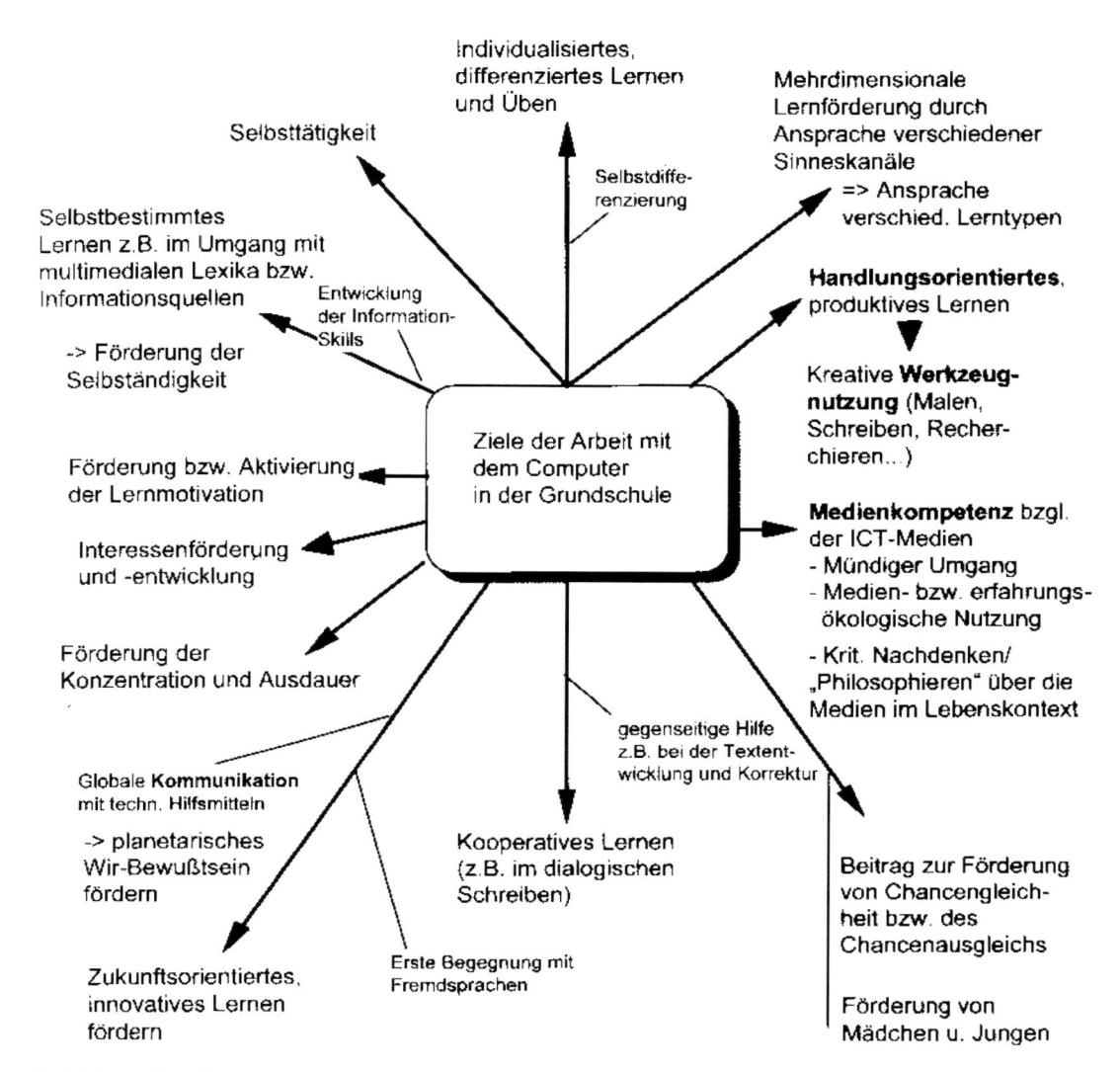

Abbildung 3: „Kernziele bei der Arbeit mit Computern in der Grundschule" (Mitzlaff, 2007a, S. 93)

2.2.1. Lerntheoretische Betrachtungen

Betrachtet man im Zusammenhang mit kindlichem Lernen theoretische Hintergründe, also Vorstellungen, wie menschliches Lernen funktioniert, so ist es notwendig, diese aus verschiedenen Perspektiven zu betrachten. Dass Kinder lernen wollen ist die Grundannahme. Sie entdecken und erkunden ihre Umwelt spielerisch und sind unermüdlich damit beschäftigt, Reize und Informationen aufzunehmen. Kinder lernen in erster Linie durch Beobachtung, Nachahmung und Exploration, welche von besonderer Bedeutung ist. Dadurch entstehen im Gehirn unzählige Nervenverbindungen und Verknüpfungen.

In der Entwicklungspsychologie betrachtet beispielsweise Piaget (Stangl, o.J.) als bekannter Vertreter die Stadien kindlicher Entwicklung, welche aufeinander aufbauen und eng mit dem Lernen korrelieren. Wenn sich Kinder entwickeln lernen sie etwas Neues, was Piaget in seinem Stufenmodell verdeutlicht:

- *Sensomotorische Stufe* (Geburt bis etwa 18. Lebensmonat)
- *Präoperationale Stufe* (etwa 18. Lebensmonat bis 7. Lebensjahr)
- *Konkret-operationale Stufe* (etwa 7. bis 11. Lebensjahr)
- *Formal-operationale Stufe* (etwa ab dem 12. Lebensjahr)

Für die Arbeit in der Volksschule ist die Stufe der konkreten Operationen, auf der das Kind noch an konkret erfahrbare Inhalte gebunden ist, diese aber zueinander in Verbindung setzen kann, am bedeutendsten. Es ist in der Lage, gedanklich mit konkreten Objekten, beziehungsweise mit der Vorstellung davon, zu operieren und kann Gedankengänge umkehren, was Piaget „Reversibilität" (ebd., 2009) nennt.

Durch die Beschaffenheit des kindlichen Gehirns können sie unglaublich schnell mit einer scheinbaren Leichtigkeit lernen, wobei sich jedes Kind aber individuell entwickelt. In verschiedenen Lebens- und Altersphasen lernen Kinder gewisse Fähigkeiten besonders leicht und schnell, Maria Montessori (1998, S. 46 ff.) spricht von „Sensiblen Perioden".

Besonders förderlich sind ein liebevolles Umfeld, in dem nicht Angst den Lernprozess stört, sondern in dem Zeit, Vertrauen, Sicherheit und Geborgenheit dem Kind bei seiner Lernentwicklung helfen. Lernen im frühkindlichen Alter bedeutet, mit der Welt vertraut zu werden und sie sich anzueignen. Die Meinungen, ob Kinder nun durch besonders durchdachte Bildungs- und Erziehungspläne gezielt sprachlich, naturwissenschaftlich, musikalisch oder sportlich gefördert werden sollen, oder ob sie selbstgesteuert und durch Eigeninitiative aktiv die Welt erkunden dürfen, differieren stark (Schipek, o.J.; Kangassalo, 2007; Röll, 2007).

Spricht man im schulischen Zusammenhang von Lernen, so meint man in erster Linie das Behalten und Erinnern von Informationen, deren Anwendung und in weiterer Folge das Problemlösen. Lernen, das zumeist in einem sozialen Kontext eingebunden ist, gründet sich auf die kognitive und motivationale Dimension des Lernens. Kognitive Konzepte, die für das schulische Lernen von besonderer Bedeutung sind, sind das Gedächtnis, die Fähigkeit zum Problemlösen, der Lerntransfer (Übertragung des Gelernten auf neue Situationen), die Metakognition und die Selbststeuerung (Reinmann, 2008, S. 80).

Ohne Motivation, etwas lernen zu wollen, ist es nahezu unmöglich, etwas zu lernen, zu verstehen und dauerhaft im Gedächtnis zu behalten. Motivation ist ein psychischer Prozess, der den Prozess des Lernens einleitet und aufrechterhält. Motivation ist ein selbstbestimmter Prozess, der Neugier und Interesse an einer Thematik voraussetzt. Dadurch wird Motivation zu einem Zusammenspiel aus einer motivierten Person und einer motivierenden Situation. Da Lernen aber kein rein kognitiver, sondern auch affektiver Prozess ist, dürfen die Emotionen, die das Lernen begleiten, nicht missachtet werden. Lernerfolge, Misserfolge, Angst oder Lernstörungen haben einen erheblichen Einfluss auf die Motivation und damit den Lernprozess.

Lernen ist ein höchst individueller Prozess, der nicht von außen gesteuert werden kann. Ein besonderer Zustand ist das *Flow-Erleben*, bei dem aus einer Mischung von Anstrengung und spielerischer Leichtigkeit durch intrinsische Motivation ein Zustand höchster Zufriedenheit erreicht wird. Soziale Aspekte haben einen großen Einfluss auf die Motivation des Lernenden (Reinmann, 2008, S. 66; Zopfi, 2007).

Um zu erklären, was beim Lernen passiert, sind im Laufe der Zeit verschiedene Lerntheorien entstanden, die versuchen, sich diesen vielschichtigen Phänomen anzunähern und die aufeinander aufbauen. Lerntheorien bieten somit einen Rahmen für didaktische Überlegungen: „[…] learning theories explicitly or implicitly play a major role in how instructional design models are shaped and how educational technologies are put to use" (Schneider, 2009, S. 17). Keine dieser Theorien kann alleine betrachtet werden, denn Unterrichtsmodelle können selten ausschließlich einer der drei Theorien zugeordnet werden, da viele Mischformen existieren. Im Folgenden sollen die drei großen Lernparadigmen *Behaviorismus*, *Kognitivismus* und *Konstruktivismus* beschrieben, weiterführende Theorien wie der pragmatische Ansatz und der Konnektivismus allerdings nur namentlich erwähnt werden. Die folgende Gegenüberstellung der einzelnen Theorien zeigt deutlich die verschiedenen Sichtweisen hinsichtlich des Rollenverständnisses von Lernen, Lehrendem und Lernendem (Süss u.a., 2010; Bastiaens, Deimann, Schrader & Orth, 2006).

Kategorie	Behaviorismus	Kognitivismus	Konstruktivismus
Hirn ist ein	passiver Behälter	informationsverarbeitendes „Gerät"	informationell geschlossenes System
Wissen wird	abgelagert	verarbeitet	konstruiert
Wissen ist	eine korrekte Input-Outputrelation	ein adäquater interner Verarbeitungsprozeß	mit einer Situation operieren zu können
Lernziele	richtige Antworten	richtige Methoden zur Antwortfindung	komplexe Situationen bewältigen
Paradigma	Stimulus-Response	Problemlösung	Konstruktion
Strategie	lehren	beobachten und helfen	kooperieren
Lehrer ist	Autorität	Tutor	Coach, (Spieler)Trainer
Feedback	extern vorgegeben	extern modelliert	intern modelliert

Tab. 3: Lernparadigmen

Abbildung 4: Lernparadigmen (Baumgartner & Payr, 1999, S. 110)

Behaviorismus

Die Theorie des Behaviorismus wurde erstmals von Watson als Versuch, theoretisch über lernpsychologische Vorgänge nachzudenken, beschrieben. Die Grundannahme von Vertretern dieser Theorie ist ein *Reiz-Reaktions-Modell*. Demnach tritt aufgrund der Koppelung von Reiz und Reaktion im Gehirn eine Verhaltensänderung ein. Drei Prinzipien beschreiben, wie diese Verhaltensänderung auftritt: Am bekanntesten in diesem Zusammenhang ist die *Klassische Konditionierung*, bei dem ein neutraler mit einem reflexauslösenden Reiz kombiniert wird, um einen Reflex zu erzeugen. Beim Modell des *Operanten Konditionierens* werden positive und negative Verstärkung eingesetzt, um das gewünschte Verhalten zu erzielen. Durch Beobachtung und Nachahmung anderer Personen, also durch *Lernen am Modell*, werden Verhaltensweisen beobachtet, codiert und schließlich reproduziert.

In Bezug auf das Lernen ist diese Sichtweise wenig komplex. Die Abläufe im Gehirn werden als unbedeutend erachtet und als *Black Box* bezeichnet, nur das sichtbare Verhalten ist relevant. Lernen wird als Sonderform von Verhalten angesehen und folglich als Verhaltensänderung beschrieben. Der Lehrer hat eine starke Machtposition und entscheidet, welche Inhalte auf welchem Weg zu lernen sind. Seine Aufgabe im Lernprozess ist es, die vorgegebenen Reize und Konsequenzen so zu gestalten, dass der Lernende das genau vorgegebene Lernziel erreicht. Für die Arbeit mit dem Computer werden aufbauend auf dieser Lerntheorie in erster Linie *Drill-and-Practice*-Programme entwickelt, bei denen die Eingabe einer richtigen Lösung im Vordergrund steht (Reinmann, 2008; Süss u.a., 2010; Bastiaens u.a., 2006, Baumgartner & Payr, 1999). Für den Bereich der Grundschule werden basierend auf dieser Vorstellung von Lernen Programme erstellt, die zum Üben, Vertiefen und Wiederholen von Lernstoff reine *Drill-and-Practice* - Übungen anbieten. Als Beispiel dafür kann das im dritten Kapitel beschriebene Projekt angesehen werden.

Kognitivismus

Der Kognitivismus, als „Informationsverarbeitungsparadigma" (Reinmann, 2008, S. 87) bezeichnet, verlässt die engen Vorstellungen des Behaviorismus und betrachtet die Prozesse, die beim Verarbeiten von Informationen im menschlichen Gehirn ablaufen. Vertreter des Kognitivismus interessieren die Methoden der Informationsaufnahme, Informationsspeicherung und –wiedergabe und sie versuchen, diese bildlich wiederzugeben. Sie untersuchen, wie Informationen im menschlichen Gehirn repräsentiert werden, mit welchen Algorithmen die Symbolverarbeitung verbunden ist und welche Strategien und Regeln beim Problemlösen zur Anwendung gebracht werden. Für die Informationsverarbeitung wurden die Begriffe *Arbeitsgedächtnis*, *Kurzzeitgedächtnis* und *Langzeitgedächtnis* geprägt.

Als Informationen werden Daten und Signale bezeichnet, die erst in Verbindung mit Kognitionen, Lernen und Erfahrung zu Wissen werden. Im Gegensatz zu behavioristischen Ansätzen wird beim Menschen nicht nur reaktives, sondern zielgerichtetes Handeln hervorgehoben und er wird beim Wissenserwerb als aktiv und selbstständig angesehen, nicht durch äußere Stimulationen steuerbar.

Lernen wird im Kognitivismus als Informationsverarbeitung, die in weiterer Folge zu Wissen führt, definiert und als Prozess des Wissenserwerbs beschrieben. Das Ziel beim Lernen ist nicht reine Wiedergabe richtiger Antworten, sondern vielmehr effektive Aufnahme, Verarbeitung und Speicherung relevanter Informationen sowie zielgerichtete Problemlöseverfahren.

In kognitivistischen Lehr- und Lernsituationen gibt der Lehrende als Experte Lerninhalte vor, steuert diese und bereitet sie didaktisch so auf, dass dem Lernenden der Informationsverarbeitungsprozess erleichtert wird. Der Lernende hat eine aktive Rolle in diesem Prozess, bei dem erarbeitende Lernformen im Vordergrund stehen. Passend zur Theorie des Kognitivismus werden digitale Lernumgebungen entwickelt, die die Verarbeitung von Lerninhalten anleiten und dem Lernenden anpassen und Prozesse des Problemlösens unterstützen (Reinmann, 2008; Süss u.a., 2010; Mandl u.a., 1998; Mitzlaff, 2007f; Bastiaens u.a., 2006, Baumgartner & Payr, 1999). Für den Grundschulbereich bedeutet dieses Verständnis der zugrundeliegenden Lernprozesse, dass die Unterrichtsangebote so gestaltet werden müssen, dass den Kindern eine aktive Auseinandersetzung mit den Lerninhalten ermöglicht wird. Bei der Arbeit mit Computern gibt der Lehrer Lerninhalte zwar vor, die Bearbeitung wird dem Kind überlassen. Passend dazu werden beispielsweise WebQuests zu unterschiedlichen Sachthemen entwickelt.

Konstruktivismus

Vertreter des Konstruktivismus gehen noch einen Schritt weiter und stellen die Bedeutungskonstruktion in den Mittelpunkt. Dabei haben sich drei Richtungen herausgebildet, der radikale, der biologische und der neue Konstruktivismus.

Beim radikalen Konstruktivismus geht man davon aus, dass der Mensch sein Wissen und seine Wirklichkeit in sozialen Zusammenhängen generiert, diese aber beobachterabhängig sind. Biologen und Hirnforscher konnten zeigen, dass im Gehirn anhand von Umweltinformationen eine subjektive Erlebniswelt konstruiert wird, die nicht zwangsläufig ein exaktes Abbild der Außenwelt darstellt und das Gehirn primär auf sich selbst reagiert. Vertreter des neuen Konstruktivismus beziehen die Erkenntnisse aus dem radikalen und biologischen Zweig auf das Lernen und Lehren und fordern möglichst realitätsnahe Lernsituationen, die ein komplexes Problemlösen ermöglichen.

Lernen ist aus dieser Sicht ein „eigenaktiver, autopoietischer und selbstreferentieller Vorgang" (Reinmann, 2008, S. 95), der im direkten Kontakt mit der Umwelt stattfindet. Besonderes Augenmerk wird auf die Eigenaktivität und Selbststeuerung beim Lernenden gelegt, bei dem die Lernprozesse zwar angeregt, aber nicht aufgezwungen werden können. Das setzt voraus, dass der Lernende die Lerninhalte als wichtig und notwendig erachtet und an bereits vorhandenes Vorwissen anknüpfen kann. Um einen Lerninhalt besonders effektiv zu internalisieren, muss der Lernende einen Anlass sehen, sich mit einem Problem auseinanderzusetzen, dieses zu lösen und somit neue Erkenntnisse, Einsichten, Fertigkeiten und Fähigkeiten zu gewinnen. Im Mittelpunkt stehen selbstbestimmtes, entdeckendes Lernen und handlungsorientierter, fächerübergreifender, projektorientierter Unterricht, wie bereits reformpädagogische Ansätze postulierten.

Dem Lehrer kommt in erster Linie die Rolle eines Coaches zu, der Lernprozesse nur mehr anregt und begleitet und Lösungsansätze bei komplexen Problemsituationen anbietet. Lehrender und Lernender sind gleichberechtigt nebeneinander aktiv. Die zentralen Dimensionen Kognition, Motivation, Emotion und soziale Interaktion werden als besonders wichtig erachtet.

Instructional-Design-Modelle, die sich auf den Konstruktivismus stützen, kommen mit besonders wenig Anleitung und Kontrolle aus und bieten ein Höchstmaß an Eigenaktivität, Eigeninitiative und Exploration, um eigenständige Wissenskonstruktion zu ermöglichen. Je nach Thematik werden soziale Netzwerke in diesen Prozess integriert. Die derzeit aktuellen Vorstellungen von Lernen mit neuen Medien entsprechen den Grundsätzen des Konstruktivismus.

Beim Lernen mit neuen Medien, besonders in höheren Schulen, Universitäten oder bei Fort- und Weiterbildungsmaßnahmen ist das Verständnis von Eigenaktivität, Eigeninitiative, Selbstständigkeit und Problemlöseverhalten, verbunden mit dem Rollenverständnis des Lehrers als Coach als positiv anzusehen (Reinmann, 2008; Süss u.a., 2010; Mandl u.a., 1998; Röll, 2007; Bastiaens u.a., 2006; Westfall-Greiter, 2010, Baumgartner & Payr, 1999). Für Kinder im Volksschulalter, die erst allmählich Schlüsselqualifikationen und Grundfertigkeiten erlernen müssen, wird dies allerdings etwas anders zu betrachten sein. Hier werden die Vorteile von Lernangeboten, die die Sicherheit einer vorbereiteten Umgebung bieten, in der sich die Kinder allerdings frei bewegen können, überwiegen.

Kinder und schulisches Lernen

In der Grundschule sollen sich die Kinder durch die Bereitstellung von Informationen unter der Anleitung eines Lehrers und mit Hilfe eines gut durchdachten didaktischen Konzeptes Wissen aneignen, also lernen. Doch „Lehren sichert nicht lernen" (Westfall-Greiter, 2010, S. 26). Was für erwachsene Lernende gilt, hat für das Lernen im Kindesalter ganz besondere Bedeutung. Ist es für einen Erwachsenen von Vorteil, sich einen Lerninhalt durch reale Auseinandersetzung anzueignen, so ist das für ein Kind, dem sich die Zusammenhänge erst allmählich erschließen, noch bedeutsamer. Grundsätzlich sind konkrete Handlungen und realer Umgang mit Personen und Dingen modellhaften, abbildhaften oder symbolischen Formen vorzuziehen, da dies zwangsläufig zu einer Reduktion der Inhalte führt. Anders verhält es sich bei Lerninhalten, die an bereits bestehendes Wissen anknüpfen und dieses aktivieren können.

Ist ein direkter Kontakt mit Lerninhalten nicht möglich, so muss man auf die Bereitstellung von Medien zurückgreifen. Diese unterscheiden sich hinsichtlich ihrer Codierungsarten, Sinnesmodalitäten, Darstellungsformen, Gestaltungstechniken, Ablaufstrukturen und Gestaltungsformen und in ihrer Wirkung, die sie auf das einzelne Kind und dessen Wissenserwerb haben.

Aktuelle Publikationen (Tulodziecki & Herzig, 2010; Mitzlaff, 2007f; Westfall-Greiter, 2010) fordern einen Unterricht, der das einzelne Kind mit seinen Vorerfahrungen, seinem Zugang zum Lernen, seinen Fähigkeiten und Fertigkeiten in den Fokus der Aufmerksamkeit stellt. Dazu ist es notwendig, dass sich der Lehrer zurücknimmt, den Prozess des Lernens dem Kind überlässt und es dabei durch minimale Anregungen und Hilfestellungen begleitet.

Diese Ansätze, die gegenwärtig gefordert werden, findet man schon in reformpädagogischen Bewegungen. Ein interessanter Aspekt wäre in diesem Zusammenhang, wie sich beispielsweise die Pädagogik Maria Montessoris mit dem Einsatz neuer Medien im Unterricht vereinbaren ließe.

Arbeitet man mit Computern im Grundschulunterricht, ist ein explorativer Umgang mit dem Gerät in einem sozialen Zusammenhang einem theoretischen Unterricht aus all den oben genannten lerntheoretischen Gründen, vorzuziehen. Am besten lernen Kinder im direkten Umgang mit dem Medium, bei dem Ausprobieren und Fehlermachen an erster Stelle stehen. Wissen, das nicht angewandt werden kann, führt nicht zu Handlungskompetenz, daher ist ein stetiger Umgang mit den neu erworbenen Fähigkeiten notwendig (Zopfi, 2007; Westfall-Greiter, 2010).

Mitte der 1990er Jahre diskutieren Kozma (1991) und Clark (1994) über den Einfluss, von Medien auf den Lernprozess. Clark (1994) argumentiert, dass es nicht möglich ist, für eine Instruktion ein geeignetes Medium zu finden, da Medien das Lernen nicht beeinflussen. Somit ist es aus seiner Sicht gleichgültig, welches Medium im Unterricht eingesetzt wird, das Hauptaugenmerk liegt beim Lernenden und bei den Lerninhalten. Für Kozma (1991) hat die Wahl des Mediums durchaus einen Einfluss auf den Lernprozess. Er sieht den Lernenden als aktiven, mit dem Medium zusammenarbeitenden Teil des Prozesses, daher ist es nach seinem Dafürhalten wichtig, das Medium dem Lernstoff, dem Lernenden und dessen Präferenzen anzupassen. Es obliegt dem Lehrer, seiner Medienauswahl und seinem Unterrichtskonzept, ob Lernen mit Unterstützung von Medien gelingt oder nicht.

2.2.2. Der Lehrer

Der Lehrer gilt beim Einsatz von Medien, der Generierung von Medienkonzepten und deren Umsetzung, als Schlüsselfigur. Ihm kommt eine bedeutende, zentrale Rolle zu. Fehlender Computereinsatz im Unterricht wird dem Lehrer, seiner persönlichen fehlenden ICT-Kompetenzen und seiner Einstellungen dieser Thematik gegenüber angelastet (Scheuble & Schrackmann, 2007). Lehrer schätzen die Vorzüge des Computers für ihre Arbeit. Er wird bevorzugt für Vorbereitungen, zum Erstellen von Klassenlisten und Arbeitsblättern, zum Schreiben von Zeugnissen, zur Verwaltung von Daten und vielem mehr genützt (Seib, 2006, S. 53 ff.).

Doch selbst wenn Lehrer den Umgang mit dem Computer beherrschen, bedeutet das nicht, dass die Umsetzung der Lehrplanforderungen im Unterricht gewinnbringend erfolgt. Die Schwerpunkte der Fortbildungsangebote verschieben sich daher immer mehr weg von rein technischer Handhabung hin zu Fragen der Anwendungen in konkreten Unterrichtssituationen (Virtuelle Pädagogische Hochschule; Niewel, 2007; Seib, 2006, S. 53 ff.). Wie bereits angemerkt, ist beim Arbeiten mit dem Computer *Learning by doing* wichtig, eigene Erfahrungen, das Lernen durch Fehler und das Ausprobieren sind entscheidende Faktoren. Kinder sind hier erfahrungsgemäß noch unvoreingenommen und weniger ängstlich als Erwachsene.

Vor dem Hintergrund dieser Sichtweise verändert sich die Rolle des Lehrers. Der partiell noch immer übliche Frontalunterricht rückt in den Hintergrund und offene Lernformen wie Tagesplan, Stationenbetrieb oder Freiarbeit finden Einzug in die Unterrichtspraxis. Dabei verändert sich entscheidend die Haltung des Lehrers, der sich nicht mehr als alleiniger Wissensvermittler sieht, sondern auch loslassen und die Verantwortung für das Lernen den Kindern übergeben kann (Radnitzky, 2010).

Der Lehrer zieht sich immer mehr aus dem Unterrichtsgeschehen zurück und arbeitet im Hintergrund. Das Bereitstellen einer „vorbereiteten Umgebung" (Montessori, 1998, S. 220) ist ein wichtiger Aspekt. Diesen Begriff prägte Maria Montessori und meint damit eine Umgebung, in der sich der Lernende selbstständig und selbsttätig bewegen und orientieren und an den Lerninhalten arbeiten kann. Interessant ist, dass die Lehrerrolle, die in den *modernen* Unterrichtsformen, die Computer und Internet in den Unterricht integrieren, vielfach so beschrieben wird, wie sie Montessori vor 100 Jahren beschrieben hat: „Hier handelt es sich um eine radikale Verschiebung der Aktivität, die vorher bei der Lehrerin lag und nunmehr in unserer Methode überwiegend dem Kind überlassen bleibt. Das Erziehungswerk verteilt sich auf Lehrerin und Umgebung" (Montessori, 1997, S. 166). In anderen reformpädagogischen Bewegungen finden sich ebenfalls Ideen und Konzepte wieder, die im Rahmen des ICT-Einsatzes propagiert werden (Mitzlaff, 2007a, S. 84).

Der Lehrer bietet den Schülern durch seine offene Planung eine Umgebung an, in der sie ihre selbst definierten Ziele auf vielfältige Art und Weise erreichen können. Er unterstützt sie als Coach, hilft bei Problemen, eliminiert Störfaktoren, organisiert Hilfsmittel und motiviert an kritischen Punkten, sofern die Schüler das wollen. Dabei behält er die curricularen Vorgaben, schulischen Strukturen, organisatorischen Voraussetzungen und Methoden der Differenzierung und Individualisierung im Blickfeld. Die Rolle des Lehrers entwickelt sich weg vom allwissenden Vermittler hin zum Organisator, Berater, Coach, Wissensmanager, Lernbegleiter, Moderator, Teammitglied unter den Lernenden und er bleibt dabei trotzdem der Experte (Schrack, 2009; Mandl u.a., 1998, S. 33; Wustinger, 2009; Boos, 2008, S. 107).

2.2.3. Medien und Differenzierung / Individualisierung

Eine Gruppe von Schülern ist heterogen, die Schüler unterscheiden sich nach sozialer Herkunft, Muttersprache, Geschlecht, Vorwissen, Intelligenz, Begabung und Leistungsfähigkeit. Konsequenterweise muss der Unterricht diesen äußerlichen Gegebenheiten angepasst werden. Das bedeutet für den Lehrer zu differenzieren und noch besser, zu individualisieren (Schmied, 2010).

„Mit Differenzierung werden im Allgemeinen organisatorische Maßnahmen zur Gruppierung der Schüler/innen nach bestimmten Kriterien und/oder die didaktisch-methodische Gestaltung der Lehr- und Lernprozesse unter Berücksichtigung unterschiedlicher Lernvoraussetzungen bezeichnet" (Schenz & Weigand, 2007, S. 8). Im deutschsprachigen Raum wird Individualisierung als höchster Grad der Differenzierung betrachtet, bei der davon ausgegangen wird, dass Lernen eine persönliche Eigenaktivität des Lernenden ist. Der relativ neue Begriff *Personalisierung* betont die Einzigartigkeit der einzelnen Person. Der Lernende soll einen persönlichen Zugang zu den Lerninhalten finden und die Bedeutung dieser für das eigene Leben erschließen. Dazu braucht es allerdings Zeit und einen Unterricht, der möglichst ohne Bewertung und Notendruck auskommt (Radnitzky & Westfall-Greiter, 2009).

Differenzierungsmaßen können unterschiedlich gestaltet werden. Es gibt die Möglichkeit der (zeitweisen) räumlichen Trennung von Schülergruppen (= äußere Differenzierung) oder die Anpassung des Unterrichtsstoffes an das Leistungsvermögen der einzelnen Schüler (= innere Differenzierung / Binnendifferenzierung). Entweder gibt der Lehrer die Einteilung vor, oder die Schüler teilen sich selbst, ihren Bedürfnissen entsprechend, einer Gruppe zu.

Durch diesen perspektivischen Zugang unterscheiden Schenz & Weigand (2007, S. 5) Differenzierung auf drei Ebenen, die in der Praxis sehr häufig ineinander greifen:

- Differenzierung auf *methodisch-organisatorischer* Ebene
- Differenzierung auf *didaktisch-inhaltlicher* Ebene
- Differenzierung auf *pädagogisch-politischer* Ebene

Wird der Unterricht auf methodisch-organisatorischer Ebene differenziert, so haben die Kinder Freiräume bei der Bearbeitung vorgegebener Aufgaben wie der Wahl der Sozialform oder der Reihenfolge der Bearbeitung der Aufgaben.

Bei didaktisch-inhaltlicher Differenzierung haben die Kinder die Möglichkeit, verschiedene Lern- und Lösungswege auszuprobieren, selbst definierte Inhalte zu bearbeiten und individuelle Ziele anzustreben.

Differenzierungsangebote auf pädagogisch-politischer Ebene bieten den Kindern die meisten Selbst- und Mitbestimmungsmöglichkeiten. Durch intensive Zusammenarbeit aller Beteiligten können die Kinder Einfluss auf die Auswahl und Schwerpunktsetzung von Inhalten und Zielen ausüben und eigene Lernziele selbstständig festlegen und verfolgen. Beispiele hierfür sind offene Lernformen oder Projektarbeiten.

E-Learning hat die bildungspolitische Debatte rund um die Themen Differenzierung und Individualisierung in den letzten Jahren neu belebt. Bei der Einführung der ersten Notebook-Klassen Ende der 1990er Jahre in Österreich wurden noch organisatorische und technische Aspekte diskutiert. Erst als zu Beginn des neuen Jahrtausends leistungsfähige Lernplattformen zur Verfügung gestellt wurden, wurden die vielfältigen Möglichkeiten zur Individualisierung des Lernens deutlich. Es zeigte sich beispielsweise, dass Lernplattformen die Selbstorganisation der Schüler und Lerngemeinschaften positiv unterstützen können. Durch die Einführung von Web 2.0 eröffnen sich für das E-Learning und somit für Differenzierungs- und Individualisierungsmaßnahmen neue Chancen (Schrack, 2009).

Mit zunehmendem Alter der Schüler, den bereits erlernten Kulturtechniken und dem erworbenen Basiswissen, vergrößert sich die Bandbreite der Differenzierungsmöglichkeiten mit neuen Medien, speziell den Angeboten von Web 2.0. Auch in der Volksschule bieten sich viele Gelegenheiten, neue Medien für diese Zwecke einzusetzen.

2.2.4. Computerunterstützter Unterricht

Im Folgenden werden die verschiedenen Einsatzmöglichkeiten von Computern in der Lehre beschrieben und auf ihr Einsatzpotential für den Unterricht in der Volksschule überprüft. Der Einsatz von elektronischen Medien zur Unterstützung von Lehre und Lernen muss gut durchdacht und geplant werden. Neben all den bereits beschriebenen Voraussetzungen und didaktischen Rahmenbedingungen ist zu klären, welches Medium am besten zur jeweiligen Aufgabenstellung passt. Diese Überlegung orientiert sich an der *Media Richness Theory* von Daft und Lengel, die Boos (2008, S. 33) folgendermaßen zusammenfasst:

> Die Kernaussage der Media Richness Theory lautet, dass die Informationsverarbeitungsleistung in einem medienvermittelten Kommunikationsprozess zwischen Individuen oder in einer Gruppe umso höher ist, je besser das Medium eine zur Anforderung der gestellten Aufgabe (Unsicherheits- bzw. Mehrdeutigkeitsreduktion) passende Reichhaltigkeit der vermittelten Informationen gewährleistet.

Die Einsatzmöglichkeiten von Computern und die Kombinationsvarianten von Medien und Methoden in der Lehre allgemein sind vielfältig. Die beiden Begriffe *E-Learning* und *Blended Learning* haben sich etabliert.

E-Learning als Überbegriff bezeichnet nach derzeitigem Stand (Reinmann, 2008) alle Arten von medien- bzw. softwareunterstützten Lernangeboten. Dazu zählen Computerprogramme, CD-Roms, Lernprogramme, Videoprogramme, Internet und Handy.

Blended Learning steht für eine Verflechtung klassischer Methoden und unterschiedlicher Medien. Neben *reinem* E-Learning, beispielsweise virtuellen Seminaren, die nur online stattfinden, bietet Blended Learning eine gute Möglichkeit, Medien in Lernprozesse zu integrieren. Blended Learning wird nicht einheitlich definiert, da die Einsatzmöglichkeiten von Medien höchst unterschiedlich und grundsätzlich alle Formen möglich sind. So können Selbstlernphasen am Computer Präsenzphasen vorbereiten, unterstützen oder festigen, Seminare und Konferenzen lösen asynchrone oder synchrone Medienarrangements ab, Seminarbausteine werden ins Internet verlagert, Diskussionen finden online statt und vieles mehr. Die Kombinationsmöglichkeiten sind vielfältig, die Häufigkeit des Medieneinsatzes ist nicht vorgegeben. Neue Medien werden als sinnvoller Bestandteil der Lehre gesehen und selbstverständlich mit den unterschiedlichsten Methoden und Organisationsformen kombiniert. Der Mehrwert für den Lernenden steht im Vordergrund (ebd., 2008; Süss u.a., 2010).

E-Learning als computerunterstütztes Lernen ohne Präsenzphasen und ohne Face-to-Face-Kommunikation ist für den Bereich der Volksschule undenkbar, da die Kinder die wichtigen Voraussetzungen wie sinnerfassendes Lesen, selbstständiges Arbeiten und den sicheren Umgang mit dem Computer erst erlernen müssen. Außerdem sind Kinder in besonderem Maße an Anschauung und direkten sozialen Kontakt gebunden. Blended Learning, also die Unterstützung des herkömmlichen Unterrichts durch medienunterstützte Phasen, eignet sich für diese Altersstufe, wobei der Mehrwert, den das Medium für den Lernenden bringen soll, bei der Auswahl im Vordergrund stehen muss. Nicht jedes Medium eignet sich dazu, einen Lerninhalt sinnvoll zu transportieren.

Vor dem Hintergrund der Fragestellung, in welchem Ausmaß der Lehrende die Planung übernimmt, welche Aufgaben ihm zukommen und welche Art des Lernens vom Schüler erwartet wird, unterscheiden Tulodziecki & Herzig (2010, S. 112 ff.) fünf mediendidaktische Konzepte, für den Medieneinsatz im Unterricht:

1. *Lehrmittelkonzept*: Bei diesem Konzept liegt die Verantwortung für die Planung und Durchführung des Unterrichts beim Lehrenden. Zur Veranschaulichung werden hauptsächlich visuelle Medien eingesetzt.
2. *Arbeitsmittelkonzept*: Der Lehrer stellt eine Umgebung bereit, welche mit ausgewählten Materialien einen Rahmen vorgibt, in dem sich die Schüler frei bewegen können. Unter Zuhilfenahme der Materialien können sie sich selbstständig und selbsttätig Lerninhalte erarbeiten. Hier sind Medien Lernmaterialien für die Hand der Schüler.
3. *Bausteinkonzept*: Medien wie Film, Hörfunk oder Fernsehen werden von Entwicklungsteams von Rundfunkanstalten produziert und vom Lehrer bausteinartig im Unterricht zur Veranschaulichung integriert, dem Lernenden kommt dabei eine rezeptive und reaktive Rolle zu.
4. *Systemkonzept*: Das Systemkonzept wurde vor allem während der 1960er Jahre eingesetzt. Die Planung des Unterrichts übernahmen ministerielle Einrichtungen, Verlage oder Rundfunkanstalten und stellten ihre Medienprodukte zur Verfügung. Der Erfolg war nicht so groß wie erhofft. Im Zeitalter der digitalen Medien zählen zum Systemkonzept das Lernen über Newsgroups, Telekollegs oder Fernstudienangebote von Universitäten.
5. *Lernumgebungskonzept*: Hinter dem Lernumgebungskonzept steht die Annahme, dass Lernen durch die aktive Auseinandersetzung mit Lerninhalten besser gelingt als durch die reine Vermittlung von Kenntnissen, Fähigkeiten und Fertigkeiten. Die Planung des Lernprozesses übernehmen sowohl der Lehrende, als auch der Lernende, von dem selbstständiges und selbsttätiges Arbeiten verlangt wird. Der Lehrende trifft eine Vorauswahl der Medien und stellt diese bereit, unterstützt und begleitet den Lernenden, der durch eine komplexe Aufgabenstellung Analysen durchführen und eigenständige Lösungen erarbeiten soll. Durch die zur Verfügung gestellten Medien erhält er die benötigten Informationen.

Für den Volksschulunterricht sind alle Konzepte denk- und umsetzbar, wobei Aufgabenstellungen, die dem Lernumgebungskonzept zuzuordnen sind, bereits viele Vorerfahrungen auf Seiten der Schüler bedürfen und gut vorbereitet werden müssen. Für den Einsatz von Computern allgemein ist es sinnvoll, ihn in offenen Unterrichtsformen als ein Arbeitswerkzeug neben vielen anderen zu integrieren. Dazu ist es notwendig, den Kindern mindestens ein Gerät im Klassenraum zur Verfügung zu stellen. So lernen sie den selbstverständlichen Umgang mit diesem Medium. Der Computer sollte nicht als Lückenfüller für Kinder, die mit anderen Arbeiten fertig sind, dienen, nicht als Belohnung oder etwas Besonderes, sondern als Werkzeug, Tutor, Korrektor, Informationswerkzeug und mutimediales Lern- und Lehrmittel verstanden werden (Wöckel, 2007; Mitzlaff, 2007g).

Für die Grundschule fasst Mitzlaff (2007g, S. 378) grundschulrelevante Programmgruppen zusammen, wobei diese immer altersadäquat sein sollten. Vielfach existieren eigene, kindgerechte Angebote:

- Anwender- und Werkzeugprogramme (Textverarbeitung, Malwerkzeuge) allgemein und speziell für Kinder entwickelte Produkte
- Kommunikationssoftware und Kommunikationswerkzeuge
- Datenbestände (on- oder offline)
- Programme und Materialien zum Steuern und Regeln (z.B. Spielzeugroboter)
- Präsentationssoftware
- Programmiersprache und Programmierumgebungen
- Mikrowelten, Simulations- und Explorationsprogramme
- Lernspiele
- Computerspiele
- Multimediale Lern- und Trainingsprogramme
- Selbstlernprogramme

Folgende Beispiele vermittelnen einen Eindruck über Möglichkeiten des Computereinsatzes in der Volksschule (Moser, 2007; Seib, 2006):

- Die Kinder üben eine im Mathematikunterricht erlernte Rechenart anstatt auf einem Arbeitsblatt mit einer Lernsoftware.
- Die Kinder lernen und üben mit einer Lernsoftware das *Zehnfingersystem*.
- Die Kinder schreiben kurze Texte in einem Textverarbeitungsprogramm.
- Die Kinder erstellen eine Fotopräsentation über einen Lehrausgang.
- Die Kinder erhalten einen Rechercheauftrag als Hausaufgabe.
- Die Kinder führen einen Klassenblog, um über die Erlebnisse im Schulalltag zu berichten.
- Im Rahmen eines Projekts bearbeiten die Kinder ein WebQuest.
- Die Kinder suchen Informationen aus dem Internet, eine Internetrallye leitet sie dabei an.

2.2.5. Lernen mit Software

Obwohl Computerspielen immer wieder negative Auswirkungen auf die psychische Entwicklung von Kindern zugeschrieben werden, haben sie seit einigen Jahren einen festen Platz in pädagogischen Kontexten. Dahinter steckt die Annahme, dass computerbasierte Lernprogramme motivierend sind und Lerninhalte spielerisch vermittelt werden können (Süss u.a., 2010).

Im schulischen Umfeld kann der Einsatz von Lernsoftware, also „Software, die eigens für Lehr- und Lernzwecke programmiert wurde und deren hauptsächlicher Zweck der Einsatz im Bildungsbereich darstellt" (Baumgartner und Payr, 1999, S. 137), mit Schwierigkeiten verbunden sein. Egenfeldt-Nielsen (2006) benennt folgende Problemsituationen, die sich ergeben können: Schulische Rahmenbedingungen (Dauer einer Unterrichtsstunde), Voraussetzungen (spielerische Kompetenzen) auf Schülerseite, Installation, Kosten, Vorbereitungszeit für Lehrer, besonders, wenn sie mit dem Programm noch nicht vertraut sind.

Österreichische Schulbuchverlage bieten zu einer großen Zahl an Lehrwerken, passend zum jeweiligen Aufbau, CD-Roms mit zusätzlichem Übungs-, Spiel- und Vertiefungsmaterial an. Parallel dazu gibt es unzählige werkunabhängige Angebote für den schulischen und außerschulischen Bereich. Hinter der Konzeption dieser Softwareangebote steht eine bestimmte Vorstellung von kindlichem Lernen. Um differenzieren zu können, ist es notwendig, die verschiedenen lerntheoretischen Positionen zu kennen, denn in groben Zügen lässt sich Software diesen zuordnen. So sind beispielsweise Drill-and-Practice-Programme dem behavioristischen Lernparadigma zuzuordnen, wobei der Trend immer mehr weg von solchen Programmen hin zu kognitionspsychologisch beeinflussten Strukturen geht (Tulodziecki & Herzig, 2010; Bastiaens u.a., 2006; Reinmann, 2008; Röll, 2007). Baumgartner (1995, S. 244 f.) versteht unter Lernprogrammen

> jene Programme, die speziell für Lernzwecke entwickelt und programmiert wurden (z.B. ein Sprachlernprogramm). Im Programm ist bereits ein bestimmtes didaktisches Konzept realisiert (z.B. Lückentext), das sowohl einen ganz bestimmten Lerninhalt (z.B. französische Grammatik) zum Gegenstand hat und sich auf eine mehr oder weniger klar definierte Zielgruppe (z.B. Französisch Anfänger) ausrichtet. In Lernsoftware ist der hauptsächliche Verwendungszweck des Programmes von den Autoren bereits weitgehend festgelegt worden: Allgemeine Informationsvermittlung (wie z.B. Software über das Leben von Mozart und seine Werke), Tutorials (wie z.B. ein Sprachlernprogramm) oder Übungsprogramme ….

Nach Bäriswyl, Fink & Suter (o.J.), die die Liste der Typen, die Baumgartner (1995) beschrieben hat, erweitern, können folgende Softwareformen unterschieden werden:

- Informationssysteme (z.B. Nachschlagewerke)
- Übungsprogramme (Drill-and-Practice-Programme)
- Tutorials / Tutorensysteme mit integrierter Hilfestellung

- Simulationsprogramme und Experimentierumgebungen (z.B. Flugsimulation)
- Mikrowelten, bei denen komplexe Aufgaben zu lösen und Strategien zu entwickeln sind
- Spielgeschichten oder Lernspiele (Lernabenteuer)

Tulodziecki & Herzig (2010) gliedern die verschiedenen Softwaretypen weiter auf und weisen darauf hin, dass es selten möglich ist, ein Lernprogramm einem einzigen Typus eindeutig zuzuordnen:

- Lehrprogramme (zum Selbststudium)
- Übungsprogramme (Anknüpfung an bereits Gelerntes)
- Offene Lehrsysteme, die individuelle Lernwege offen lassen
- Lernspiele (z.B. Spiele, die das logische Denken, Raumvorstellung, Reaktionsvermögen, usw. schulen)
- Experimentier- und Simulationsumgebungen (z.B. Fahrsimulator)
- Kommunikations- und Kooperationsumgebungen (meist netzbasiert, z.B. Foren)
- Datenbestände (Datensammlungen, meist nicht didaktisch aufbereitet)
- Werkzeuge (z.B. Textverarbeitungs- oder Bildbearbeitungsprogramme – die Produkte dieser Programme können in andere Lernaktivitäten integriert werden)

Wenn Landsberg (2007, S. 465) im Zusammenhang mit Lernprogrammen für den Mathematikunterricht schreibt: „Der Begriff „Lern"-Software impliziert ja, dass durch das gewählte Programm tatsächlich etwas *gelernt* werden kann", so setzt dies voraus, dass mittels des Programms nicht nur bereits Gelerntes vertieft, wiederholt und geübt wird, sondern die Kinder auch neue Erfahrungen und Erkenntnisse gewinnen können. Bei vielen Angeboten gibt es nur wenige Lernerfahrungen dieser Art, da sie auch mehr Zeit benötigen würden, als im Unterricht für die Einzelarbeit am Computer zur Verfügung steht und die programmtechnische Realisierung schwieriger und kostenintensiver ist (Baumgartner & Payr, 1999, S. 155). Welche Anforderungen an Software für Kinder gestellt werden, wird in Kapitel 3.2. näher erläutert.

2.3. Grenzen

In dieser Arbeit wurden bisher hauptsächlich die positiven Argumente des Computereinsatzes und die daraus resultierenden vielfältigen Möglichkeiten betont. Dennoch stößt der Einsatz dieses Mediums genauso an seine Grenzen, wie dies auch bei anderen Lern- und Arbeitsmaterialien der Fall ist. Kritische Stimmen findet man in der Literatur jedoch nur wenige und nur vereinzelt befassen sich Autoren ausführlich mit den Grenzen des Einsatzes elektronischer Medien im Unterricht der Volksschule.

Prinzipiell werden diese dort sichtbar, wo es um notwendige Fähigkeiten und Fertigkeiten geht, die Kinder dieser Altersstufe noch nicht erlernt haben, wie etwa fehlende Lesefähigkeit und –geschwindigkeit oder feinmotorische Geläufigkeit. Sander (2007) merkt an, dass für die meisten Kinder der Umgang mit elektronischen Medien kein Problem darstellt, es aber Kinder gibt, die durch zu wenig ausdifferenzierte Feinmotorik Schwierigkeiten mit der Handhabung der Maus haben oder denen die Einsicht in die Funktionslogik digitaler Medien fehlt. Seufert (2007, S. 9) bemerkt kritisch: „Die Argumentation, dass neue Kompetenzen aufgrund der veränderten Mediennutzung ein Potenzial für das Lernen darstellen, stützt sich dabei jedoch vor allem auf Einzelbeobachtungen."

Ebenso gibt es kritische Autoren, die den Einsatz von Computern bei jungen Kindern nicht uneingeschränkt befürworten. Wie schon zuvor beschrieben, befürchten Spitzer (2008) und Patzlaff (2006) negative Auswirkungen auf die psychische und physische Entwicklung und auf die Sprachentwicklung. Fehlende Bewegung, die durch den Einsatz von Computern im Unterricht möglicherweise verstärkt wird, da die Kinder die Arbeit sitzend ausführen, wird bemängelt. Das stark einseitig visuell geprägte Lernen am Bildschirm ist nicht für alle Lerntypen optimal.

1994, als die Möglichkeiten des Computereinsatzes noch weniger ausgeprägt waren, als dies Anfang des 21. Jahrhunderts der Fall ist, kritisierte von Hentig (2008, S. 70) bereits die fehlenden Bewegungsmöglichkeiten des Kindes:

> Der Computer […] hält es an seinem Stuhl fest, grenzt seine Lebensregungen auf das Feld zwischen Bildschirm und Taste ein, legt alle anderen Sinne lahm, schaltet anderen Kontakt aus, bannt den Geist des Kindes auf das Frage- und Antwort-Schema des Programms oder der Programmierung. Sein Einsatz macht – im Prinzip – alles zunichte, was sich die moderne Pädagogik seit Beginn unseres Jahrhunderts ausgedacht hat […].

Die Grenzen des Computereinsatzes werden auch dort deutlich, wo fehlende Medienkompetenz auf der Lehrerseite sichtbar wird. Viele Lehrende kennen die Möglichkeiten des Einsatzes neuer Medien im Unterricht nicht, da sie mit den Kommunikations- und Informationstechnologien selbst zu wenig vertraut sind (Hametner, 2006). Sie fürchten den Mehraufwand für ihre Unterrichtsplanung bei einer Implementierung dieses Mediums im Unterricht. Die Computerprogramme müssen vom Lehrer selbst erst angeschafft und erprobt werden, und wenn ein Lehrer das Arbeiten am Computer selbst nicht einwandfrei beherrscht, ist der Zeitaufwand für diese Art der Vorbereitung beträchtlich. Der Zeitaufwand beim Einsatz des Mediums selbst ist durch das Hochfahren des Computers und das Starten von Programmen hoch (Wöckel, 2007), ebenso nimmt die Wartung der Geräte Zeit in Anspruch.

3. Lernsoftware für den Mathematikunterricht

Der Auftrag eines österreichischen Schulbuchverlages, eine CD-Rom-Reihe für Volksschulkinder passend zu einem neu erschienen Mathematikbuch zu entwickeln, stellt eine gelungene Ergänzung zu dem theoretischen Studium an der FernUniversität Hagen dar und wird als praktisches Projekt in diesem Teil der Arbeit vorgestellt.

Während der Vorbereitungen zur Umsetzung des Projektes und im Laufe der einzelnen Module im Studium analysierte ich viel einschlägige Literatur zu computerunterstütztem Lernen in der Volksschule, besonders im Hinblick auf die Entwicklung und den Einsatz von Lernsoftware.

Aufgrund der intensiven Auseinandersetzung mit dieser Thematik ist es Ziel dieser Arbeit, Theorie und Praxis zu verbinden und die Entstehung der CD-Rom-Reihe zu dokumentieren.

Am Beginn dieses Kapitels werden die für das Projekt notwendigen Hintergrundinformationen zu den Bildungsstandards für den Mathematikunterricht und die Anforderungen, welche an Lernsoftware für Grundschulkinder gestellt werden, genauer betrachtet. Im Anschluss wird die Entstehung der CD-Roms detailliert beschrieben und die praktische Umsetzung anhand von Screenshots dokumentiert. Ebenso werden die Ergebnisse einer ersten Evaluation, mit Kindern durchgeführte Usability-Tests, die zur Weiterentwicklung des Produktes führten, beschrieben.

3.1. Bildungsstandards und Mathematikunterricht

Am 8. August 2008 wurde in Österreich der § 17 des Schulunterrichtsgesetzes so geändert, dass die Überprüfung von Bildungsstandards verordnet werden kann. Diese werden folgendermaßen definiert:

> Bildungsstandards sind konkret formulierte Lernergebnisse, die sich gemäß dem Lehrplan der jeweiligen Schulart (Form, Fachrichtung) auf einzelne Pflichtgegenstände oder auf mehrere in fachlichem Zusammenhang stehende Pflichtgegenstände beziehen. Die individuellen Lernergebnisse zeigen das Ausmaß des Erreichens grundlegender, nachhaltig erworbener Kompetenzen auf (Fischer & Gusenbauer, 2008).

Anfang Jänner 2009 trat diese Verordnung für die Unterrichtsgegenstände Deutsch und Mathematik für die vierten Klassen der Volksschulen und für die achte Schulstufe in Deutsch, Mathematik und eine Lebende Fremdsprache in Kraft. Der Überprüfungszyklus für den Volksschulbereich startet im Jahr 2013 mit der Überprüfung der Mathematikkompetenzen und wird 2014 für den Unterrichtsgegenstand Deutsch/Lesen/Schreiben erweitert. Alle österreichischen Volksschüler der vierten Schulstufe werden mit einem Bleistift-Papier-Test hinsichtlich ihrer für diesen Fachbereich erworbenen Kompetenzen überprüft. Die Ergebnisse der Überprüfung sollen neben der Qualitätssicherung dazu dienen, die Leistungen der Schüler auf der vierten und achten Schulstufe, also an der Nahtstelle zur nächsthöheren Schulform, zu analysieren und zu vergleichen. Des Weiteren sollen sie für die Lehrer Anlass sein, in ihrem Unterricht den systematischen Aufbau der verlangten Kompetenzen intensiv zu fördern.

Die erforderlichen Kompetenzen sind Grundkompetenzen, die die Schüler für den weiteren Lernprozess benötigen. In diesem Zusammenhang werden die Individualität der Schüler und die damit verbundenen individuellen Lernprozesse bedeutsam. Durch die Förderung der Grundkompetenzen wird gerade im Bereich der Mathematik der persönliche Lernweg betont und verschiedene Lernwege werden thematisiert und darüber hinaus gefördert, im Vergleich zu bisherigen Lehrmethoden, bei denen oftmals nur ein einziger Lösungsweg toleriert wurde.

Die Bildungsstandards lassen sich aus den jeweiligen Lehrplänen ableiten und basieren auf grundlegenden fachlichen Kompetenzen, also erworbenen Fähigkeiten und Fertigkeiten, durch die in variablen Situationen neue Aufgaben erfolgreich gelöst werden können. Diese Kompetenzen werden für den Mathematikunterricht in einem Kompetenzmodell strukturiert (siehe Abbildung 5) (Schmied, 2009; BIFIE, 2011; Beer & Benischek, 2011).

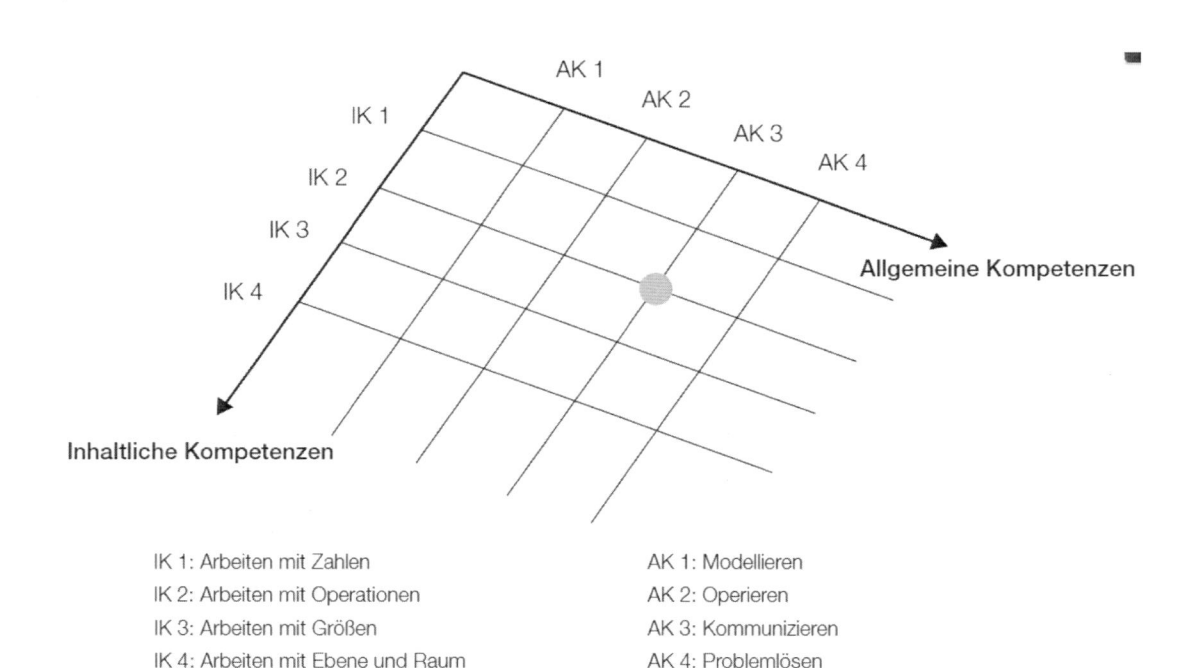

IK 1: Arbeiten mit Zahlen
IK 2: Arbeiten mit Operationen
IK 3: Arbeiten mit Größen
IK 4: Arbeiten mit Ebene und Raum

AK 1: Modellieren
AK 2: Operieren
AK 3: Kommunizieren
AK 4: Problemlösen

Abbildung 5: Kompetenzmodell Mathematik 4. Schulstufe (BIFIE, 2011, S. 16)

Die Kompetenzen werden in die Bereiche *Allgemeine Kompetenzen* und *Inhaltliche Kompetenzen* geteilt und diese weiter untergliedert, wobei sich die *Allgemeinen Kompetenzen* auf den Prozess beziehen. Zum Lösen mathematischer Probleme werden beide Kompetenzbereiche benötigt und sind daher untrennbar miteinander verbunden. Die acht Kompetenzbereiche sind so miteinander verknüpft, dass insgesamt 16 *Knoten* entstehen und damit jede mathematische Aufgabe mindestens einem Knoten zuzuordnen ist. So könnte eine Aufgabe, wie in Abbildung 6 dargestellt, den Kompetenzbereichen *Kommunizieren* und *Arbeiten mit Operationen* zugewiesen werden.

Das Ziel ist nicht Vermittlung neuer Inhalte, sondern eine entsprechende Sichtweise auf den Mathematikunterricht, die bereits in der Planungsphase bedeutsam ist. Es geht nicht mehr darum, Kindern Mathematik *zu lehren*, vielmehr sollen sie sich aktiv mit Mathematik beschäftigen. Es ist wesentlich, „Mathematik zu erfahren, auszuprobieren, zu diskutieren und eigene Wege zu finden, mathematische Probleme zu lösen" (Zöchlinger, 2011, S. 83).

Die Individualität der Lernwege und der konstruktive Umgang mit Fehlern, die Kommunikation über mathematische Sachverhalte und der soziale Aspekt des Miteinanders, beispielsweise beim Finden von Lösungsstrategien oder Vergleichen von Ergebnissen, stehen im Mittelpunkt (ebd., 2011; BIFIE, 2011).

3.2. Anforderungen an Software für Grundschulkinder

Bei der Fülle an auf dem Markt erhältlicher Lernsoftware, ist es nicht einfach, gute Qualität von weniger guter zu unterscheiden, beziehungsweise die für die eigenen Ansprüche passende zu finden. Testberichte über Lernsoftware (z.B. www.testbericht.de) können erste Anhaltspunkte geben.

Boos (2008) diskutiert Modelle der Passung von Aufgabe und Medium. Ohne hier auf die einzelnen Modelle einzugehen, soll vermerkt werden, dass es wichtig ist, das Medium Computer so einzusetzen, dass es zur Lernaufgabe passt. Es gibt Lerninhalte, die sich besonders dafür eignen mit Hilfe eines Computerprogrammes vermittelt zu werden, für andere Inhalte bevorzugt man besser ein anderes Medium. Nach diesem Kriterium sollte eine Lernsoftware für Kinder ausgewählt und gestaltet werden.

Erstellt man Lernprogramme für Grundschulkinder, so sind einige wichtige Prinzipien zu beachten, damit die Kinder zum Arbeiten motiviert werden und der Einsatz der Software einen Mehrwert für ihren Lernprozess bringt, beziehungsweise sie bei der Weiterentwicklung unterstützt. Für die Kinder ist es wichtig, die Sinnhaftigkeit einer Übung zu erkennen, beispielsweise ob es sich dabei um eine Übungs- oder eine Knobelaufgabe handelt.

Eine interessante und motivierende Problemstellung bildet einen Ausgangspunkt für einen Lernprozess. Der Lernstoff wird in unterschiedliche Kontexte eingebettet, um auf andere Situationen übertragen werden zu können. Action, Sound und Grafiken werden in einem stimmigen Rahmen eingesetzt und die Aufgabe nicht überladen.

Das Leseniveau muss der Altersstufe entsprechen, damit die Kinder nach möglicher anfänglicher Einführung des Programms durch einen Erwachsenen selbstständig damit arbeiten können. Das bedingt, dass das Übungsprogramm einfach, logisch und selbsterklärend aufbereitet ist und gegebenenfalls eine kurze Einführung die Handhabung erklärt.

Hilfreich sind eine gleichbleibende räumliche Anordnung von Elementen und Orientierungshilfen, die konstant in Erscheinung treten. Die Übungen sollen die Kinder fordern und wenn es die Lektion erlaubt, mehrere Antwortmöglichkeiten zulassen. Ein informatives Feedback kann, wenn es angemessen ist, über ein simples „Richtig" oder „Falsch" hinausgehen. Die Kinder sollen aus ihren Fehlern lernen können, das heißt, dass mehrere Versuche erlaubt sein dürfen und bei falschen Antworten eine richtige Lösung präsentiert wird.

Die Rückmeldungen erfolgen ohne Verzögerung und zu den einzelnen Teilschritten. Wo dies sinnvoll ist, haben die Kinder die Möglichkeit, differenzierte Hilfestellungen und individuelle Tipps aufzurufen.

Die Lernsoftware sollte so aufgebaut sein, dass sie sich zum Differenzieren eignet, also sowohl begabte Schüler, als auch solche, die mehr Wiederholung und Übung benötigen, davon profitieren. Motivierend ist eine (bekannte) Figur, mit der sich die Kinder identifizieren können, die durch das Programm führt. Wenn möglich soll ein sozialer Austausch das Lernen mit Software begleiten und die Lernfortschritte der einzelnen Schüler speicherbar und verdeutlicht sein (Clements & Sarama, 2007; Seib, 2006; Tulodziecki & Herzig, 2010; Landsberg, 2007).

3.3. Umsetzung des Projektes

Im Juni 2009 suchte der österreichische Schulbuchverlag E.Dorner Autoren für eine CD-Rom-Reihe. Zu diesem Zweck schickte die verantwortliche Lektorin, Sabine Leopold, an die Betreiberin einer bekannten, privaten Homepage für Lehrer eine Anfrage diesbezüglich, Babette Kohlross und ich übernahmen diesen Auftrag.

Bei einem ersten Kontakt wurde die Zielvorgabe des Verlages, die Erstellung einer CD-Rom-Reihe passend zu der neu entwickelten Mathematikbuchreihe „Schlaumeier entdecken Mathematik 1-4" (Maier 2010a-b, 2011a-b), besprochen. Die Reihe besteht aus insgesamt vier CD-Roms, also je einer CD-Rom pro Schulstufe. Die CD-Roms „Schlaumeier entdecken Mathematik 1-4" (Apfler & Kohlross, 2011a-d) sollten die Unterrichtsinhalte, die im jeweiligen Mathematikbuch erarbeitet wurden, vertiefen, üben und festigen und die neu definierten Forderungen der Bildungsstandards Mathematik berücksichtigen. Für die konkrete Umsetzung wurden keine weiteren Vorgaben gemacht.

3.3.1. Planung

Die Planungsphase nahm besonders viel Zeit in Anspruch.

In der ersten Phase wurden die unterschiedlichsten, auf dem Markt erhältlichen Softwareprogramme für Volksschulkinder begutachtet. Diese reichten von anderen Mathematikprogrammen österreichischer Schulbuchverlage über Angebote aus anderen Ländern und für andere Unterrichtsgegenstände, um einen Eindruck über die Umsetzungsmöglichkeiten zu bekommen. Wir beschäftigten uns intensiv mit den Vorgaben des Bildungsministeriums bezüglich der Bildungsstandards und analysierten einschlägige Literatur zur Thematik der Anforderungen für Lernsoftware für Grundschulkinder.

Hier kristallisierten sich bereits die ersten Gestaltungskriterien heraus, die wir an das neue Übungsprogramm stellten:

- Die Benutzeroberfläche sollte klar und übersichtlich und nicht mit Bildern überladen sein.
- Auf bewegte Bilder wollten wir weitgehend verzichten um einen *cognitive overload*, also eine kognitive Überlastung der Schüler, zu vermeiden.
- Die Abfolge der einzelnen Übungen sollte frei wählbar sein und keinen *Spielcharakter* haben, also nicht von einer Geschichte umrahmt sein.
- Das Screendesign sollte sich am Layout des Schulbuchs orientieren, um den Wiedererkennungswert für die Kinder zu steigern.
- Die Protagonisten des Schulbuches, Paul und Paula, würden als emotionale Begleiter durch die Übungen führen, wie bei den Schulbüchern sollte Angela Picha die Illustration übernehmen.
- Die ersten Übungen sollten dem Kennenlernen der Computermaus dienen und Aufgabentypen, wie auf einen Gegenstand klicken, einen Gegenstand verschieben oder etwas anmalen, einführen.
- Die CD-Roms sollten in der Klasse für Einzel- und Partnerarbeit genauso wie für die Arbeit zu Hause einsetzbar sein.
- Die CD-Roms werden so gestaltet, dass eine werkunabhängige Anwendung möglich ist.

Nach dem Entwurf erster Skizzen für Benutzeroberfläche und Navigation, begann die Erstellung eines Inhaltsverzeichnisses für die CD-Rom für die erste Klasse, welches in einer Teamsitzung der Lektorin präsentiert wurde. Im Anschluss daran wurden einige Kapitel ausgearbeitet. Zu diesem Zeitpunkt war noch kein Auftrag zur Programmierung erteilt. Während dieser Planungsphase hatten wir zwar sehr konkrete Vorstellungen, wie das Endprodukt aussehen könnte, konnten mit der Umsetzung jedoch noch nicht beginnen, da wir nicht einschätzen konnten, was technisch realisierbar wäre.

Der Zeitplan wurde vom Verlag vorgegeben, da dieser Einreichtermine, wie etwa die Vorlage des Werkes bei der Schulbuchkommission, einzuhalten hatte.

3.3.2. Umsetzung

Erst einige Wochen nach dem Beginn der Planungsarbeit und nachdem bereits einzelne Kapitel detailliert ausgearbeitet waren, wurde der Auftrag zur Programmierung der CD-Roms an die Firma *common sense - eLearning & training consultants GmbH* vergeben. Die Ansprechpartnerin Andrea Dobida bereicherte als fachlich äußerst kompetentes Mitglied das Team. Bereits während der ersten Teamsitzung zeigte sich, dass die Ausarbeitungen von Grund auf zu überarbeiten waren, da eine derart aufwändige Programmierung für den Verlag zu teuer wäre. Eine bestimmte Anzahl an Übungstypen wurde festgelegt und die Entwürfe dahingehend adaptiert.

In weiteren Teamsitzungen wurden das endgültige Layout für die Benutzeroberfläche und der Navigationsbaum entworfen und Formen der Hilfestellungen und des Feedbacks diskutiert. Die Anzahl der Übungsvariationen wurde nicht starr durch das ganze Programm einheitlich beibehalten, sondern je nach Umfang einer Übungsvariation variiert.

Gemein ist allen Übungen, dass ihnen eine aktive Auseinandersetzung mit konkreten Objekten im Unterricht voraus geht.

Die Vorgaben (Abb. 6) in Form von Word-Dokumenten mit Skizzen und Beschreibungen wurden von Andrea Dobida für den Programmierer Thomas Kräftner in ein für ihn verständliches Drehbuch (Abb. 7) mit genauesten Anweisungen übertragen, woraufhin er die ersten Demo-Übungen programmierte.

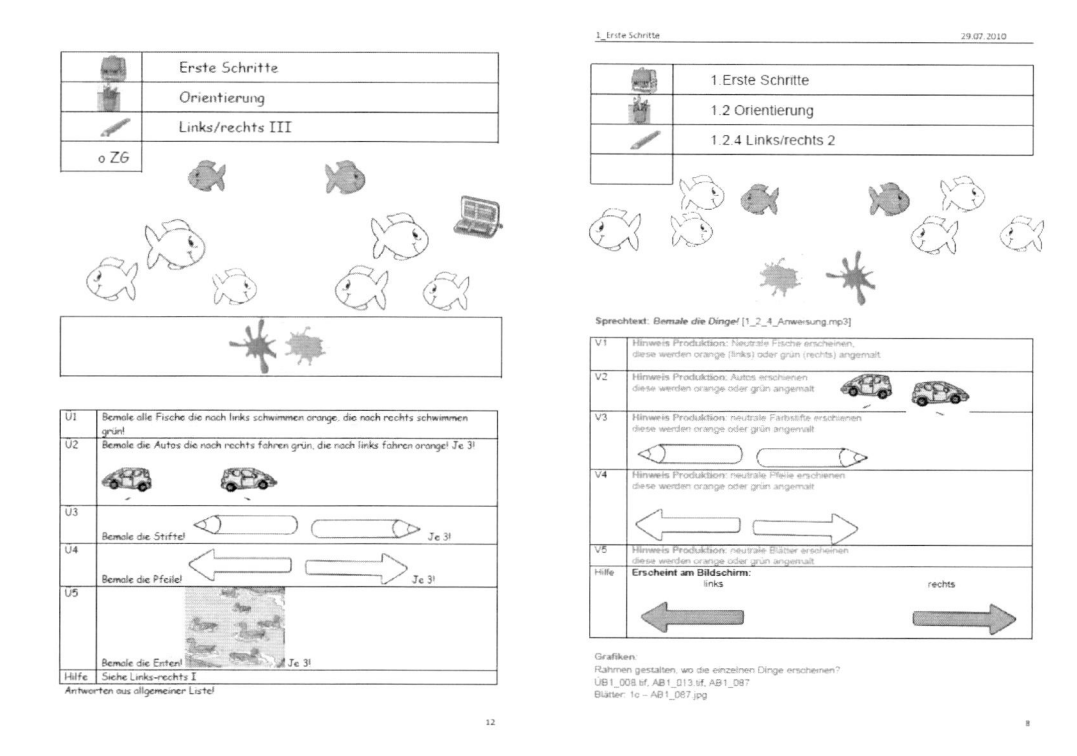

Abbildung 6: Manuskript der Autorinnen für die Übung „Links / Rechts"

Abbildung 7: Drehbuch für den Programmierer für die Übung „Links / Rechts"

Im folgenden Abschnitt werden nun das Layout, die Benutzeroberflächen und einzelne Übungen der CD-Rom ausführlich beschrieben. Screenshots der CD-Rom-Übungen für die Schüler der ersten Klasse sind zur Veranschaulichung und zum besseren Verständnis eingefügt.

Die CD-Rom muss nicht vorinstalliert werden. Legt man sie ein, startet sie automatisch und es erscheinen zuerst die beiden Figuren, die sowohl durch das Schulbuch, als auch durch das Lernprogramm führen, Paul und Paula (Abb. 8). Der grüne Pfeil, der den Start signalisiert, führt zur nächsten Ebene.

Abbildung 8: Screenshot: Startseite

Auf dieser Ebene (Abb. 9) erhält man die Möglichkeit durch Klicken auf den grünen Pfeil das Lernprogramm oder ein Hilfeprogramm zu starten, das in Form eines kurzen, kommentierten Films durch das Programm führt und die Handhabung der einzelnen Übungstypen und der Navigationsleiste kindgerecht erklärt (Abb. 10).

Abbildung 9: Screenshot: Ebene 1

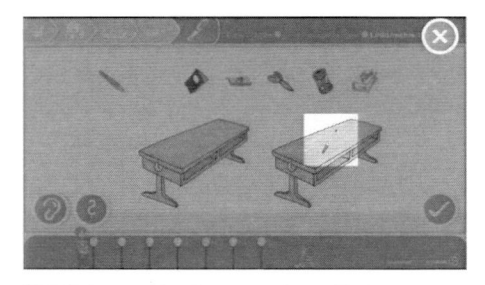

Abbildung 10: Screenshot: Führung durch das Programm

Startet man das Lernprogramm, so erscheinen zehn Schultaschen, denen verschiedene Kapitel aus dem Schulbuch zugeordnet wurden (Abb. 11). Klickt man beispielsweise die Schultasche *Erste Schritte* an, so gelangt man zur nächsten Ebene, den Federschachteln (Abb. 12).

Abbildung 11: Screenshot: Ebene 2 - Schultaschen

Abbildung 12: Screenshot: Ebene 3 - Federschachteln

Hier sind zu weiteren Unterkategorien mehrere Übungen zusammengefasst. In diesem Menüpunkt *Erste Schritte* findet man Aufgaben, anhand derer die Kindern die Handhabung der Computermaus erlernen und anwenden können. Bei diesen Übungen sollen die Kinder Schulsachen anklicken, Blätter und Spielzeugautos verschieben oder Schulsachen in den vorgegebenen Farben durch Anklicken des Farbpunktes und des Gegenstandes bemalen. Die Kinder lernen zusätzlich die ersten Übungstypen weiterer Aufgaben der CD-Rom und deren Handhabung kennen.

Durch Auswahl der Federschachtel *Orientierungsübungen* gelangt man zu vier Füllfedern, die die einzelnen Übungen symbolisieren (Abb. 13). Hier kann die Übung *Links/rechts 2* ausgewählt und mit dem grünen Pfeil gestartet werden (Abb. 14). Bei dieser Übung haben die Kinder die Aufgabe, die Fische in der richtigen Farbe zu bemalen. Dadurch wird das Raumorientierungsvermögen geschult und die Begriffe links und rechts optisch veranschaulicht.

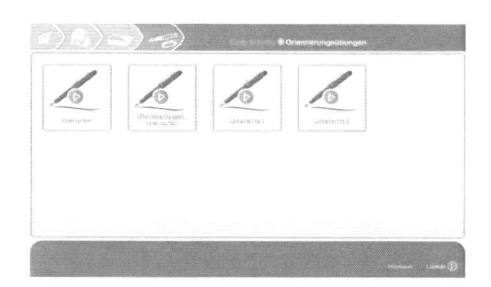

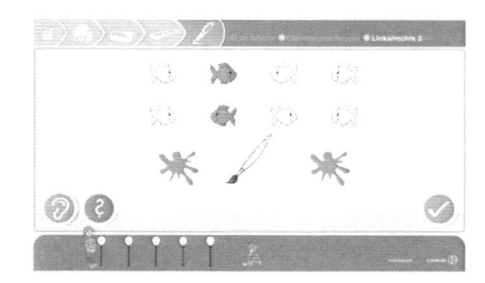

Abbildung 13: Screenshot: Ebene 4 - Abbildung 14: Screenshot: Ebene 5 -
Füllfedern   Übung „Links/rechts 2"

Die Aufgabenstellungen für die Übungen der CD-Rom für die erste Klasse werden akustisch erklärt, im Klassenverband empfiehlt sich dafür die Verwendung von Headsets. Durch Klicken des Buttons *Ohr* kann das Kind die Anweisung noch einmal anhören.
Der *Hilfebutton* gibt dem Kind Hinweise um zur Lösung der Aufgabe zu gelangen, bei der vorgestellten Übung erinnert das Fragezeichen das Kind an die im Buch den Richtungen links und rechts zugeordneten Farben (Abb. 15).

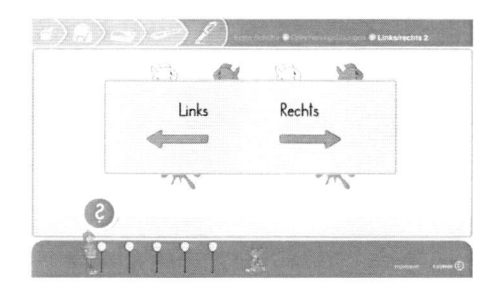

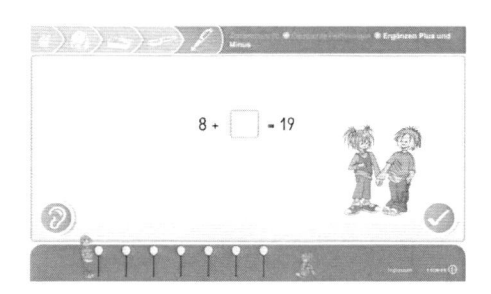

Abbildung 15: Screenshot: Hilfe   Abbildung 16: Screenshot: Schmuckbild

Durch Anklicken einer Farbe färbt sich nun der Pinsel, der den Navigationspfeil darstellt, und das Kind kann durch Anklicken die einzelnen Fische färben. Zur Bestätigung klickt es nach jeder beendeten Übung auf den grünen Haken am rechten unteren Rand. Dieser Haken ist ebenso wie die Hilfebuttons und die Navigationsleiste fixiert, damit sich das

Kind daran orientieren kann. Bei manchen Übungen begleiten Figuren aus dem Mathematikbuch die Übungen. Auch sie haben einen fixen Platz auf der Oberfläche (Abb. 16).

Löst das Kind eine Aufgabe richtig, so geht Paul am unteren Rand des Bildschirmes zum nächsten Luftballon und nimmt den ersten mit (Abb. 17). So sieht das Kind, wie viele Aufgaben es schon richtig lösen konnte und wie viele noch gestellt werden. Für jede Aufgabe hat das Kind drei Lösungsversuche, wobei bei einem Fehler dieselbe Übung noch einmal erscheint. Scheitert ein Kind nach dem dritten Lösungsversuch, geht Paul ohne Luftballon weiter, dieser bleibt leer auf dem Boden liegen und die richtige Lösung ist sichtbar.

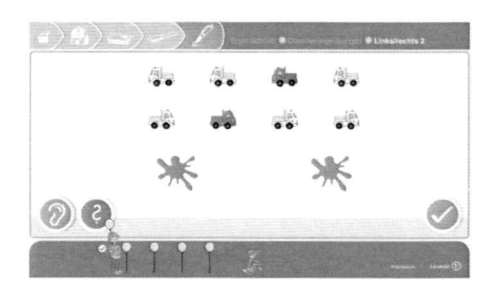

Abbildung 17: Screenshot: richtig gelöste Aufgabe

Hat ein Kind den Großteil der Übungsvarianten richtig gelöst, steigen bunte Luftballons auf und zwei grüne Buttons erscheinen. Das Kind kann entscheiden, ob es eine Übung noch einmal durchführen, oder ob es eine neue Übung auswählen möchte (Abb. 18). Hat ein Kind weniger als die Hälfte der Übungen richtig gelöst, erscheint eine Sprechblase bei Paula, in der das Kind aufgefordert wird, die Übung zu wiederholen (Abb. 19).

Abbildung 18: Screenshot: richtig gelöste Übungen

Abbildung 19: Screenshot: falsch gelöste Übungen

Die Menüleiste am oberen Bildschirmrand zeigt dem Kind farblich an, auf welcher Ebene es sich befindet und wie die jeweilige Schultasche, das Federpennal und die gerade be-

arbeitete Übung heißen. Durch Anklicken der Symbole kann das Kind die Übung abbrechen, gelangt wieder auf die gewünschte Ebene und kann eine neue Übung starten.
Im Impressum sind die am Werk beteiligten Personen angeführt (Abb. 20).

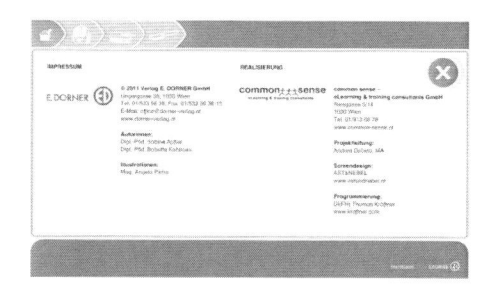

Abbildung 20: Screenshot: Impressum

Einige Übungen wurden als Demoversion für eine Evaluation bereitgestellt. In der ersten Phase wurden das Layout und das Belohnungssystem optimiert. In der zweiten Phase wurden die Übungen Kindern zum Ausprobieren vorgestellt, wie in Kapitel 3.3.3. genauer beschrieben wird.
Nach Beendigung der Programmierarbeiten wurden alle Übungen in der Phase der Qualitätssicherung noch einmal genau auf Fehler untersucht und diese behoben. Die CD-Rom „Schlaumeier entdecken Mathematik 1" (Apfler & Kohlross, 2011) ist hauptsächlich zum Wiederholen, Üben und Festigen des Unterrichtsstoffes gedacht, abgespeichertes Wissen soll gezeigt werden. Sie orientiert sich an der behavioristischen Lerntheorie, wie das vom Verlag gewünscht wurde. Die Eingabe führt sofort zu einem Feedback, richtige Antworten werden von außen und nicht vom Schüler selbst belohnt.

Mehr als ein Jahr nach der ersten Planungsphase war das Produkt fertig programmiert und konnte der Schulbuchkommission zur Begutachtung vorgelegt werden. Das Ziel des Verlages, die CD-Rom-Reihe in der Schulbuchanhangliste anbieten zu können, wurde durch ein äußerst positives Gutachten erreicht. In dem Gutachten wurde jedoch angemerkt, dass die Kinder eine akustische Belohnung erhalten sollten, das wird bei einer Neuauflage durch ein hörbares Klatschen beim Aufsteigen der Luftballons, nachgebessert. Eine Wiedervorlage des Produktes ist nicht notwendig.

Parallel zu den Arbeiten an der CD-Rom für die erste Schulstufe begann die Planungsphase für die weiteren drei CD-Roms. Layout, Navigation und Übungstypen wurden von der ersten CD-Rom übernommen und sollten, um den Wiedererkennungswert zu gewährleisten, auch für die dritte und vierte Klasse zu großen Teilen ident bleiben. Einführungsvideo und Rahmenfarbe wurden auf den verschiedenen Schulstufen adaptiert und der Farbgestaltung der Schulbücher angepasst, ebenso wurden die Protagonisten Paul und Paula auf der Grundstufe 2 wie im Schulbuch abgebildet, illustriert (Abb. 21 – 23).

Abbildung 21: Screenshot: Startseite 2

Abbildung 22: Screenshot: Startseite 3

Abbildung 23: Screenshot: Startseite 4

Für die zweite Schulstufe wurden die Übungen zum Kennenlernen der Maus, zur Orientierung und die Übungen zu den Formen und Größen zur Wiederholung übernommen. In der dritten und vierten Klasse wurde auf diese Übungen verzichtet, da angenommen werden kann, dass die Kinder die Handhabung der Maus bereits beherrschen. Ab der zweiten Schulstufe wurde von akustischen Anweisungen abgesehen, da die Lesefähigkeit der Kinder so weit fortgeschritten sein sollte, dass sie die einfach gestalteten, kurzen Texte lesen können. So kann im Klassenverband auf die Benützung von Headsets verzichtet werden.

Der zweite Teil der CD-Rom-Reihe orientiert sich ebenfalls an behavioristischen Theorien, ab dem dritten Teil erhalten die Kinder vermehrt Übungen zum selbstständigen Denken und Problemlösen. So sollen sie etwa bei der Übung *Flächen verändern* eine Figur, die aus Einheitsquadraten besteht, so verändern, dass ein Rechteck entsteht. Diese Übung kann durch Ausprobieren oder Rechnen gelöst werden (Abb. 24).

Übungen zum Nachdenken und Schätzen sollen die Kinder vom Kopfrechnen und automatisierten Antwortgeben lösen und zum selbstständigen Nachdenken anregen. Bei der Übung *Kann die Aussage stimmen?* entscheiden sie, ob die vorgegebenen Größenangaben den tatsächlichen Größen entsprechen können (Abb. 25). Hier wurden Übungen erstellt, die sich durch die Möglichkeiten des Computers besonders anschaulich zum Ausprobieren und zur Gewinnung neuer Einsichten und Erkenntnisse eignen.

Abbildung 24: Screenshot: „Flächen verändern"

Abbildung 25: Screenshot: „Kann die Aussage stimmen?"

Da die Überprüfung der Bildungsstandards in der vierten Klasse stattfindet, wird auf dieser Schulstufe besonderer Wert auf die Schulung der benötigten Kompetenzen gelegt. Dieser Forderung soll bei Übungen auf der CD-Rom für die vierte Schulstufe Rechnung getragen werden und somit befindet sich dort ein eigener Bereich *Kompetenztraining* (Abb. 26). Insgesamt 17 Übungen wurden den Bereichen Zahlenrätsel, Diagramme, Würfelbauten, Tabellen und Logisches Denken zugeordnet. Bei der Aufgabe *Die gesuchte Zahl finden* müssen die Kinder erkennen, welcher Platzhalter für welche Zahl steht (Abb. 27).

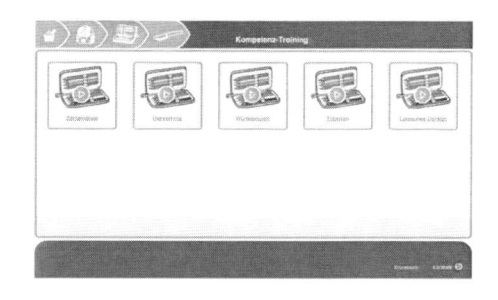

Abbildung 26: Screenshot "Kompetenztraining"

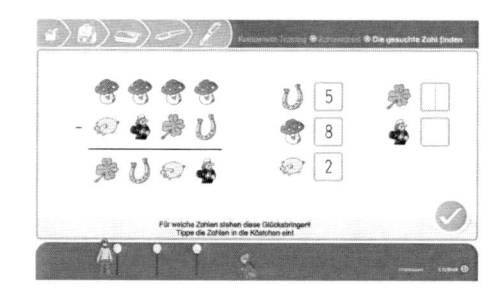

Abbildung 27: Screenshot "Die gesuchte Zahl finden"

Das Gutachten der Schulbuchkommission für die CD-Rom für die zweite Klasse war ebenso positiv wie für die erste Klasse. Bei einer Neuauflage wird ebenfalls ein Geräusch beim Aufsteigen der Luftballons nachgebessert. Eine Wiedervorlage ist auch hier nicht notwendig. Die CD-Roms für die dritte und vierte Klasse werden der Schulbuchkommission im Jänner 2012 zur Begutachtung vorgelegt. Die CD-Roms für die ersten beiden

Schulstufen sind bereits seit Jänner 2011, die CD-Roms für die Grundstufe 2 seit Herbst 2011 im freien Handel erhältlich und können ab dem Schuljahr 2012/13 über die Schulbuchaktion bestellt werden.

Die Demoversionen für die jeweiligen Schulstufen werden auf der Homepage des Schulbuchverlages E.Dorner zur Verfügung gestellt[2].

3.3.3. Erfahrung aus der Praxis

Während der Produktionsphase wurden in einigen Schulen *Usability-Tests* durchgeführt. Dazu wurden Kinder der entsprechenden Schulstufen gebeten, die bereits programmierten Demo-Übungen durchzuführen. Die Schwierigkeiten, Unsicherheiten und Probleme, die dabei zu beobachten waren und von den Kindern kommuniziert wurden, wurden vom Testleiter notiert und die Übungen in einem weiteren Verfahren adaptiert.

Bei der ersten Testdurchführung erfassten die Kinder der ersten und zweiten Klasse die Handhabung der Navigationsleiste am oberen Rand sofort. Sie klickten allerdings häufiger auf das Haus, also die Startseite, um zu einer neuen Übung zu gelangen, seltener auf die Schultasche. Bei der ersten Demoversion war zum Beenden der Übung das Symbol einer Türe zu sehen. Da sich den Kindern die Bedeutung dieses Zeichens nicht eindeutig erschloss, wurde es entfernt. Am Ende der Übung sind nun das Wiederholungszeichen und ein Pfeil zu sehen, der die Kinder wieder zur letzten Auswahl auf Ebene 4 leitet. Ebenso war das Zeichen, das bei der ersten Übung für eine Wiederholung der akustischen Anweisungserklärung stand, nicht eindeutig verständlich. Der grüne Pfeil wurde durch ein Ohr ersetzt.

Die Erfolgskontrolle war für die Kinder selbsterklärend, sie wussten, dass Paul einen Luftballon mitnimmt, wenn die Übung richtig gelöst ist und an der Stelle des Luftballons ein Häkchen erscheint. Die meisten Hilfeangebote bei den einzelnen Übungen waren nützlich, andere wurden optimiert.

Da bei der Testdurchführung Schwierigkeiten der Kinder mit der rechten und linken Maustaste sichtbar wurden, wurde die Funktion der rechten Maustaste ausgeschaltet.

Bei einer Testübung, bei der die Kinder mit dem Pinsel Kreise anmalen müssen, wurde deutlich, dass der Bereich, der auf einen Mausklick reagiert, größer und sensibler gestaltet werden muss. Bei der ersten Version konnte nur auf die Spitze des Pinsels geklickt werden, das wurde geändert und der Bereich vergrößert.

---

[2]Demoversion 1. Klasse: http://www.dorner-verlag.at/downloads/demos/schlaumeier_1/
Demoversion 2. Klasse: http://www.dorner-verlag.at/downloads/demos/schlaumeier_2/
Demoversion 3. Klasse: http://www.dorner-verlag.at/downloads/demos/schlaumeier_3/
Demoversion 4. Klasse: http://www.dorner-verlag.at/downloads/demos/schlaumeier_4/

Bei zwei weiteren vorgestellten Übungen mussten die Kinder Zahlenkärtchen verschieben. Da manche Kinder Schwierigkeiten bei der Durchführung hatten, wurde diese Übung in die Einführungserklärung (Abb. 11) aufgenommen.

Das Feedback der Kinder der ersten Klasse war durchaus positiv, sie wollten die Übungen erneut ausprobieren und den Link aufschreiben, um sie zu Hause wiederholen zu können.

Da die ersten beiden Produkte erst seit wenigen Monaten auf dem Markt sind und in der Zwischenzeit erst einige Exemplare verkauft wurden, ist eine breite Rückmeldung aus den Klassen noch nicht vorhanden. Allerdings existieren mündliche Rückmeldungen von Kollegen, die bereits mit den CD-Roms 1 und 2 arbeiten, die durchwegs sehr positiv sind.

Die Usability-Tests, die einen kleinen Beitrag zur Evaluierung des Produktes lieferten und dieses dadurch verbesserten, werden weiter ausgebaut und durch ein professionelles Evaluierungsverfahren ergänzt.

4. Zusammenfassende Bewertung und Ausblick

Die Bearbeitung des Themas *Computereinsatz in der Volksschule: Möglichkeiten und Grenzen am Beispiel von Lernsoftware für den Mathematikunterricht* war eine interessante und spannende Aufgabe, bei der neben dem Ziel des Verfassens einer Arbeit eine Erweiterung des Wissens über den Einsatz von neuen Medien in der Praxis erreicht werden konnte. Dies war durch die Wahl des Themas, die Verbindung von theoretischen Studieninhalten mit relevanten Bereichen der Praxis des Schulalltags und meiner Arbeit für den Schulbuchverlag E.Dorner, möglich.

Am Beginn der Arbeit stand die Fragestellung, ob der Einsatz von Computern in der Volksschule einen Mehrwert für das Lernen der Kinder bietet, in welchem Rahmen ein Einsatz sinnvoll ist und wie der Unterricht gestaltet werden muss, um dieses Ziel zu erreichen. Da Computer zu Medien und zu dem speziellen Teilbereich *Neue* Medien gezählt werden, war eine Beschäftigung mit der Medienthematik und der daraus resultierenden Problematik der Förderung von Medienkompetenz in der Grundschule, unabdingbar. Kinder kommen in der Gegenwart immer früher mit den verschiedensten Medien in Kontakt und können diese bereits frühzeitig bedienen. Doch Medienkompetenz ist mehr als der rein technische Umgang mit Medien, vielmehr ist die *sinnvolle* Integration in die verschiedensten Lebensbereiche derselben von großer Bedeutung. Der Mehrwert des Computereinsatzes in der Schule erstreckt sich daher nicht nur auf das Lernen, sondern auch nachhaltig auf alles Lebensbereiche, möglicherweise auch auf die gesamte Persönlichkeit des Kindes. Die Institution Schule soll das Elternhaus bei der Begleitung der Kinder unterstützen und die Vermittlung von Medienkompetenz kann daher nicht als alleinige Aufgabe der Eltern betrachtet werden. „Nur eine Schule, die den Erfahrungsalltag der heutigen Kinder missachtet, kann dies ignorieren" (Mitzlaff, 2007c).

In dieser Arbeit geschah eine Annäherung an den Begriff Medienkompetenz über den allgemeinen Kompetenzbegriff und im Anschluss daran wurde dieser mit schulischen Rahmenbedingungen verknüpft. Damit der Einsatz von Computern im Rahmen des Unterrichts einen Mehrwert für das Lernen der Kinder bringt, sind diese Betrachtungen von großer Wichtigkeit. Um diese Thematik unter Einbeziehung der verschiedenen Blickwinkel zu diskutieren, dürfen auch kritische Stimmen nicht zu kurz kommen. Interessant war bei der Bearbeitung dieses Themenpunktes, dass dazu kaum Literatur existiert. Die meisten Autoren widmen sich lediglich den positiven Aspekten des Computereinsatzes und der damit verbundenen Möglichkeiten, weniger den Grenzen. Als große Gegner des Einsatzes von Bildschirmmedien können hier Spitzer (2008) und Patzlaff (2006) erwähnt werden. Gerade wenn man diese Sichtweisen integriert, wird die Bedeutung des Aufbaus von Medienkompetenz deutlich. Für mich persönlich steht die Vermittlung von Medienkompetenz sowohl im schulischen, als auch im außerschulischen Bereich und damit verbunden die Unterstützung der Eltern, vor der Vermittlung von Inhalten und technischem Wissen. Erst wenn die Kinder über die Kompetenz verfügen, Medien für ihre Bedürfnisse sinnvoll in ihren Alltag zu integrieren, können sie in allen Bereichen von den positiven Möglichkeiten dieser profitieren.

Defizite im Umgang mit Medien seitens der Lehrer stellen bei der Integration von Medien im Unterricht weniger Hindernis dar als das fehlende Wissen über die didaktischen Möglichkeiten. Im Rahmen dieser Studie wurde versucht, durch die Beschreibung der notwendigen Voraussetzungen im Bereich der Medienausstattung von Schulen und der Vorgaben, die der Lehrplan der österreichischen Volksschule macht, eine organisatorische Grundlage zu bieten. Darauf aufbauend ist eine Beschäftigung mit den großen Lerntheorien Behaviorismus, Kognitivismus und Konstruktivismus notwendig, um die auf den Markt befindlichen Angebote für den Unterricht einschätzen und bewerten zu können. Soll der Computer nicht in der Ecke im Klassenzimmer verstauben oder ein Lückenfüller für schnelle Kinder sein, so ist eine Öffnung des Unterrichts von unschätzbarem Vorteil. Bei offenen Unterrichtsformen ändert sich die Rolle des Lehrers, der im Gegensatz zu Frontalunterricht zum Begleiter, Berater und Coach der Schüler wird. Der Computer wird als ein Arbeitsmittel neben vielen anderen Materialien betrachtet und so zu einem attraktiven Hilfsmittel. Durch den großen Aufforderungscharakter des Computers wiederholen, üben und festigen die Kinder Lerninhalte lustbetont oder generieren neues Wissen.
Da die genaue Auseinandersetzung mit allen Möglichkeiten des Computereinsatzes den Rahmen eines Buches sprengen würde, konzentrierte ich mich auf den Teilbereich *Lernen mit Software*, zu dem ich durch die Arbeit an einer CD-Rom-Reihe für den Schulbuchverlag E.Dorner einen aktuellen Bezug habe.

Vor der Umsetzung dieses großen, über zwei Jahre dauernden Projektes stand neben der intensiven Beschäftigung mit E-Learning im Rahmen meines Studiums an der Fernuniversität Hagen die kritische Auseinandersetzung mit der Problematik der in der österreichischen Bildungsdiskussion aktuellen Bildungsstandards und den Anforderungen, die an gute Software für Kinder gestellt werden. Die Arbeit für den Verlag und die damit verbundenen Einsichten in die Produktionsabläufe und Verfahren zur Aufnahme in den Anhang der Schulbuchliste waren aufschlussreich. Durch die Zusammenstellung eines perfekt zusammenarbeitenden Teams konnte ein attraktives Produkt realisiert werden. Um dem

Leser eine Vorstellung von den dargestellten Abläufen und Konzepten zu geben, wurden einige Screenshots in die Arbeit integriert.

Für mich persönlich ist auch in der Volksschule ein Unterricht ohne Computer nicht mehr denkbar. Im Zusammenhang mit der Erstellung der Software war die kritische Auseinandersetzung mit den auf dem Markt vorhandenen Produkten, die je nach lerntheoretischer Ausrichtung jeweils verschiedenartige Einsatzmöglichkeiten bieten, informativ. Programme, die zum Üben, Wiederholen und Festigen eingesetzt werden, orientieren sich an behavioristischen Grundsätzen und werden am häufigsten angeboten. Software, die sich an konstruktivistischen oder kognitivistischen Theorien orientiert, eröffnet weitere Perspektiven für das Lernen der Kinder.
Der Einsatz von Lernsoftware im Unterricht kann die Schüler beim Lernen unterstützen, wenn sie sorgfältig und den Bedürfnissen entsprechend ausgewählt wird. Die Passung von Medium und Aufgabe ist eine grundlegende Voraussetzung.

Bei all der Euphorie, die sowohl in einschlägiger Literatur, als auch bei Seminaren der Lehrerfortbildung verbreitet wird, ist mir der kritische Blick auf diese Thematik ein großes Anliegen. Da ich selber seit Beginn meiner Tätigkeit als Volksschullehrerin offene Lernformen, die Eigenaktivität, Eigeninitiative und Bewegung zulassen, in meinem Unterricht bevorzuge, lässt sich eine Integration von neuen Medien sehr gut mit meinem bisherigen Unterricht vereinbaren.

Literaturverzeichnis

CD-Roms

Apfler, S. & Kohlross, B. (2011a). *Schlaumeier entdecken Mathematik: 1. SchülerInnen CD-Rom 1. Klasse.* Wien: Verlag E.Dorner.

Apfler, S. & Kohlross, B. (2011b). *Schlaumeier entdecken Mathematik: 2. SchülerInnen CD-Rom 2. Klasse.* Wien: Verlag E.Dorner.

Apfler, S. & Kohlross, B. (2011c). *Schlaumeier entdecken Mathematik: 3. SchülerInnen CD-Rom 3. Klasse.* Wien: Verlag E.Dorner.

Apfler, S. & Kohlross, B. (2011d). *Schlaumeier entdecken Mathematik: 4. SchülerInnen CD-Rom 4. Klasse.* Wien: Verlag E.Dorner

Printmaterial

Aufenanger, S. (2001). Multimedia und Medienkompetenz - Forderungen an das Bildungssystem. In S. Aufenanger, R. Schulz-Zander & D. Spanhel (Hrsg.), *Jahrbuch Medienpädagogik 1* (S. 109-122). Opladen: Leske + Budrich.

Baacke, D. (2007). *Medienpädagogik.* Tübingen: Max Niemeyer.

Bäriswyl, S., Fink, R. & Suter, P. (Hrsg.). (o.J.). *Werzeugkiste Computer - Materialien für die Informatikintegration im Unterricht.* Zürich: Pestalozzianum.

Bastiaens, T., Deimann, M., Schrader, C. & Orth, C. (2006). *Instructional Design und Medien.* Hagen: Fernuniversität in Hagen. Fakultät für Kultur- und Sozialwissenschaften.

Bastiaens, T., Schrader, C. & Deimann, M. (2008). *Lehren und Lernen in der Wissensgesellschaft.* Hagen: Fernuniversität in Hagen - Fakultät für Kultur- und Sozialwissenschaften.

Bauer, R. (2007). Medienkompetenz in der Grundschule und in der Grundschullehrerausbildung. In H. Mitzlaff (Hrsg.), *Internationales Handbuch: Computer (ICT), Grundschule, Kindergarten und Neue Lernkultur* (2. Band, S. 697-704). Hohengehren: Schneider.

Baumgartner, P. (1995). Didaktische Anforderungen an (multimediale) Lernsoftware. In L. Issing & P. Klimsa (Hrsg.), *Information und Lernen mit Multimedia* (S. 241-252). Weinheim: Beltz PsychologieVerlagsUnion.

Baumgartner, P. & Payr, S. (1999). *Lernen mit Software.* Innsbruck-Wien-München: StudienVerlag.

Beer, R. & Benischek, I. (2011). Aspekte kompetenzorientierten Lernens und Lehrens. In BIFIE Bundesinstitut für Bildungsforschung (Hrsg.), *Kompetenzorientierter Unterricht in Theorie und Praxis* (S. 5-28). Graz: Leykam.

BIFIE Bundesinstitut für Bildungsforschung (Hrsg.). (2011). *Praxishandbuch für "Mathematik" 4. Schulstufe* (2. Aufl.). Graz: Leykam.

Bonfadelli, H. (2005). Die Rolle digital-interaktiver Medien für gesellschaftliche Teilhabe. *medien + erziehung , 49 (6/05)*, 6-16.

Boos, M. (2008). *Wissenskommunikation in virtuellen (Lern-) Gemeinschaften*. Hagen: Fernuniversität in Hagen - Fakultät für Kultur- und Sozialwissenschaften.

Clark, R. (1994). Media will never influence learning. *Educational Technology Research and Development, 42*, 21-29.

Clements, D. & Sarama, J. (2007). Einsatz von Computern in amerikanischen Vor- und Grundschulen: Ein Zwischenbericht. In H. Mitzlaff (Hrsg.), *Internationales Handbuch: Computer (ICT), Grundschule, Kindergarten und Neue Lernkultur* (1. Band, S. 251-259). Hohengehren: Schneider.

Cottmann, K. (1998). *Wie verstehen Kinder Maschinen und Computer? Eine empirische Studie mit Konsequenzen für Pädagogik und Softwareentwicklung*. München: kopaed.

De Witt, C. & Czerwionka, T. (2007). *Mediendidaktik*. Bielefeld: Bertelsmann.

Döbeli Honegger, B. (2007). Überlegungen zum ICT-Management an Primarschulen. In H. Mitzlaff (Hrsg.), *Internationales Handbuch: Computer (ICT), Grundschule, Kindergarten und Neue Lernkultur* (1. Band, S. 146-152). Hohengehren: Schneider.

Feierabend, S. (2007). KIM-Studie 2005 - Basisuntersuchung zum Medienumgang von 6- bis 13-Jährigen. In H. Mitzlaff (Hrsg.), *Internationales Handbuch: Computer (ICT), Grundschule, Kindergarten und Neue Lernkultur* (1. Band, S. 299-304). Hohengehren: Schneider.

Feierabend, S. & Mohr, I. (2007). Mediennutzung von Klein- und Vorschulkindern. In H. Mitzlaff (Hrsg.), *Internationales Handbuch: Computer (ICT), Grundschule, Kindergarten und Neue Lernkultur* (1. Band, S. 292-298). Hohengehren: Schneider.

Gill, M. & Wood, V. (2007). Computer in Kindergärten und Grundschulen - Erfahrungen aus Australien. In H. Mitzlaff (Hrsg.), *Internationales Handbuch: Computer (ICT), Grundschule, Kindergarten und Neue Lernkultur* (1. Band, S. 280-288). Hohengehren: Schneider.

Grimus, M. (2007). Computer in österreichischen Grundschulen: Netzwerkkinder und Chancen für das Lernen mit Computern. In H. Mitzlaff (Hrsg.), *Internationales Handbuch: Computer (ICT), Grundschule, Kindergarten und Neue Lernkultur* (1. Band, S. 216-222). Hohengehren: Schneider.

Grimus, M. (2000). Neue Medien in der Grundschule. Die vierte Kulturtechnik. *Medien Impulse , 33/September 2000*, 19-26.

Groeben, N. (2002). Anforderungen an die theoretische Konzeptualisierung von Medienkompetenz. In N. Groeben & B. Hurrelmann (Hrsg.), *Medienkompeten: Voraussetzungen, Dimensionen, Funktionen* (S. 11-23). Weinheim und München: Juventa.

Hametner, K. (2006). Qualitätskriterien für Didaktik. In R. Kristöfl, H. Sandtner & M. Jandl (Hrsg.), *Qualitätskriterien für E-Learning: Ein Leitfaden für Lehrer/innen, Lehrende und Content-Ersteller/innen* (S. 10-31). Wien: Bundesministerium für Bildung, Wissenschaft und Kultur.

Hargittai, E. (2010). Second-Level Digital Divide: Differences in People's Online Skills. In M. Spetsmann-Kunkel, *Barrierefreier Zugang und Nutzungsgrenzen* (S. 56-74). Hagen: Fernuniversität in Hagen - Fakultät für Kultur- und Sozialwissenschaften.

Hauf-Tulodziecki, A. (2007). ICT im schulischen Medienkonzept (Primarstufe). In H. Mitzlaff (Hrsg.), *Internationales Handbuch: Computer (ICT), Grundschule, Kindergarten und Neue Lernkultur* (1. Band, S. 132-138). Hohengehren: Schneider.

Jansen-Schulz, B. (2007). Computerkompetenzen von Mädchen und Jungen in der Grundschule: Ergebnisse und Erfahrungen aus dem BLK-Programm "Kulturelle Bildung im Medienzeitalter". In H. Mitzlaff (Hrsg.), *Internationales Handbuch: Computer (ICT), Grundschule, Kindergarten und Neue Lernkultur* (2. Band, S. 639-643). Hohengehren: Schneider.

Kangassalo, M. (2007). Exploratives Lernen und die Möglichkeiten computergestützter Lernumgebungen für Vor- und Grundschulkinder. In H. Mitzlaff (Hrsg.), *Internationales Handbuch: Computer (ICT), Grundschule, Kindergarten und Neue Lernkultur* (1. Band, S. 242-250). Hohengehren: Schneider.

Konert, B. (2010). Deutschland und die digitale Welt: Faktoren der Teilung - Faktoren der Integration. In M. Spetsmann-Kunkel, *Barrierefreier Zugang und Nutzungsgrenzen* (S. 24-33). Hagen: Fernuniversität in Hagen - Fakultät für Kultur- und Sozialwissenschaften.

Kozma, R. (1991). Learning with Media. *Review of Educational Research*, *61*, 179-211.

Kübler, H. (2008). *Medienkommunikation und Medienkompetenz*. Hagen: FernUniversität in Hagen. Fakultät für Kultur- und Sozialwissenschaften.

Landsberg, M. (2007). Was macht gute Mathe-Software aus? Lernsoftware aus der Sicht eines Schulpraktikers. In H. Mitzlaff (Hrsg.), *Internationales Handbuch: Computer (ICT), Grundschule, Kindergarten und Neue Lernkultur* (2. Band, S. 465-467). Hohengehren: Schneider.

Lanners, M. & Schintgen, Y. (2007). Neue Medien verändern die Welt - und die Schule! Über die Möglichkeiten der Integration neuer Medien im Schulalltag. In H. Mitzlaff (Hrsg.), *Internationales Handbuch: Computer (ICT), Grundschule, Kindergarten und Neue Lernkultur* (1. Band, S. 223-231). Hohengehren: Schneider.

Maier, G. & Maier, H. (2010a). *Schlaumeier entdecken Mathematik 1: Arbeitsbuch*. Wien: E. Dorner.

Maier, G. & Maier, H. (2010b). *Schlaumeier entdecken Mathematik 2: Arbeitsbuch*. Wien: E. Dorner.

Maier, G. & Maier, H. (2011a). *Schlaumeier entdecken Mathematik 3: Arbeitsbuch*. Wien: E. Dorner.

Maier, G. & Maier, H. (2011b). *Schlaumeier entdecken Mathematik 4: Arbeitsbuch*. Wien: E. Dorner.

Mandl, H., Reinmann-Rothmeier, G. & Gräsel, C. (1998). Gutachten zur Vorbereitung des Programms "Systematische Einbeziehung von Medien, Informations- und Kommunikationstechnologien in Lehr- und Lernprozesse". *Materialien zur Bildungsplanung und zur Forschungsförderung* (Band 66). Bonn: BLK Geschäftsstelle.

Mitzlaff, H. (2007a). Die produktive ICT-Nutzung als Element einer Neuen grundschulpädagogischen Lern- und Arbeitskultur. In H. Mitzlaff (Hrsg.), *Internationales Handbuch: Computer (ICT), Grundschule, Kindergarten und Neue Lernkultur* (1. Band, S. 81-94). Hohengehren: Schneider.

Mitzlaff, H. (2007b). Einleitung. In H. Mitzlaff (Hrsg.), *Internationales Handbuch: Computer (ICT), Grundschule, Kindergarten und Neue Lernkultur* (1. Band, S. 1-13). Hohengehren: Schneider.

Mitzlaff, H. (2007c). Grundschulkinder und Computer: Wissen, Wertung, Einordnung: Ergebnisse aus einer Schülerbefragung 2006. In H. Mitzlaff (Hrsg.), *Internationales Handbuch: Computer (ICT), Grundschule, Kindergarten und Neue Lernkultur* (1. Band, S. 321-335). Hohengehren: Schneider.

Mitzlaff, H. (2007d). Zwanzig Jahre Computer in deutschen Grundschulen: Versuch einer Zwischenbilanz. In H. Mitzlaff (Hrsg.), *Internationales Handbuch: Computer (ICT), Grundschule, Kindergarten und Neue Lernkultur* (1. Band, S. 97-117). Hohengehren: Schneider.

Mitzlaff, H. (2007e). Hard- und Software: Randbemerkungen. In H. Mitzlaff (Hrsg.), *Internationales Handbuch: Computer (ICT), Grundschule, Kindergarten und Neue Lernkultur* (2. Band, S. 672-676). Hohengehren: Schneider.

Mitzlaff, H. (2007f). Information, Wissen oder Bildung? Ein notwendiger Exkurs. In H. Mitzlaff (Hrsg.), *Internationales Handbuch: Computer (ICT), Grundschule, Kindergarten und Neue Lernkultur* (1. Band, S. 46-54). Hohengehren: Schneider.

Mitzlaff, H. (2007g). ICT in der Grundschule: Verschiedene Nutzungsformen: Ein Überblick. In H. Mitzlaff (Hrsg.), *Internationales Handbuch: Computer (ICT), Grundschule, Kindergarten und Neue Lernkultur* (2. Band, S. 376-380). Hohengehren: Schneider.

Montessori, M. (1998). *Das kreative Kind* (13 Ausg.). Freiburg: Herder.

Montessori, M. (1997). *Die Entdeckung des Kindes* (13 Ausg.). Freiburg: Herder.

Moser, H. (2007). ICT als Teil der schulischen Lernkultur: Wie Medien den Grundschulunterricht verändern (können). In H. Mitzlaff (Hrsg.), *Internationales Handbuch: Computer (ICT), Grundschule, Kindergarten und Neue Lernkultur* (1. Band, S. 139-145). Hohengehren: Schneider.

Neuß, N. (2007). Computereinsatz in Kindertagesstätten: Begründungen, Etablierung und Erfahrungen. In H. Mitzlaff (Hrsg.), *Internationales Handbuch: Computer (ICT), Grundschule, Kindergarten und Neue Lernkultur* (1. Band, S. 349-356). Hohengehren: Schneider.

Niesyto, H. (2010). Medienpädagogische Betrachtungen. In M. Spetsmann-Kunkel, *Barrierefreier Zugang und Nutzungsgrenzen* (S. 176-195). Hagen: Fernuniversität in Hagen - Fakultät für Kultur- und Sozialwissenschaften.

Niewel, J. (2007). Computereinsatz in der Grundschule: Sinnvolle technische Voraussetzungen, personelle Voraussetzungen und Qualifizierung, beispielhafte Projekte - z.B. Nordrhein-Westfalen. In H. Mitzlaff (Hrsg.), *Internationales Handbuch: Computer (ICT), Grundschule, Kindergarten und Neue Lernkultur* (1. Band, S. 153-161). Hohengehren: Schneider.

Oblinger, D. & Oblinger, J. (2005). Is It Age or IT: First Steps Toward Understanding the Next Generation. In D. Oblinger & J. Oblinger (Hrsg.), *Educating the Net Generation.* Educause.

Patzlaff, R. (2006). *Der gefrorene Blick.* Physiologische Wirkungen des Fernsehens und die Entwicklung des Kindes (4. Aufl.). Stuttgart: Freies Geistesleben.

Radnitzky, E. (2010). Einzigartig. In C. Schrack, G. Schwarz & T. Nárosy (Hrsg.), *Individualisieren lerne:. Neues Lernen in heterogenen Lerngemeinschaften mit E-Learning: Projekt 2* (S. 12-13). Wien: Bundesministerium für Unterricht, Kunst und Kultur.

Radnitzky, E. & Westfall-Greiter, T. (2009). Comenius wäre begeistert! In: *Individualisieren mit eLearning: Neues Lernen in heterogenen Lerngemeinschaften* (S. 14-17). Wien: Bundesministerium für Unterricht, Kunst und Kultur.

Redaktionsteam. (2010). Lehren und coachen. In C. Schrack, G. Schwarz & T. Nárosy (Hrsg.), *Individualisieren lernen: Neues Lernen in heterogenen Lerngemeinschaften mit E-Learning: Projekt 2* (S. 20-23). Wien: Bundesministerium für Unterricht, Kunst und Kultur.

Reinmann, G. (2008). *Instructional Design.* Hagen: Fernuniversität in Hagen - Fakultät für Kultur- und Sozialwissenschaften.

Röll, J. (2007). Medienbildungskonzepte in der Elementarpädagogik. In H. Mitzlaff (Hrsg.), *Internationales Internationales Handbuch: Computer (ICT), Grundschule, Kindergarten und Neue Lernkultur* (1. Band, S. 324-348). Hohengehren: Schneider.

Rothböck, J. (2010). Standards entwickeln Unterricht. *Erziehung und Unterricht, 160. Jahrgang, Heft 3–4*, 261–266.

Sander, W. (2007). Lehren und Lernen mit digitalen Medien im Sachunterricht: Ergebnisse aus einem Forschungsprojekt. In H. Mitzlaff (Hrsg.), *Internationales Handbuch: Computer (ICT), Grundschule, Kindergarten und Neue Lernkultur* (2. Band, S. 555-561). Hohengehren: Schneider.

Schenz, C. & Weigand, G. (2007). Individualität und Heterogenität. Die Kernbegriffe eines differenzierten Unterrichts. *News & Science. Begabtenförderung und Begabungsforschung, 17/2007*, 4-7.

Scheuble, W. & Schrackmann, I. (2007). ICT auf der Primarschulstufe in der deutschsprachigen Schweiz: Eine Zwischenbilanz. In H. Mitzlaff (Hrsg.), *Internationales Handbuch: Computer (ICT), Grundschule, Kindergarten und Neue Lernkultur* (1. Band, S. 208-215). Hohengehren: Schneider.

Schmied, C. (2010). Vorwort. In C. Schrack, G. Schwarz & T. Nárosy (Hrsg.), *Individualisieren lernen: Neues Lernen in heterogenen Lerngemeinschaften mit E-Learning: Projekt 2* (S. 7). Wien: Bundesministerium für Unterricht, Kunst und Kultur.

Schneider, D. (2009). *Introduction to Educational Technology.* Hagen: Fernuniversität in Hagen. Fakultät für Kultur- und Sozialwissenschaften.

Schrack, C. (2009). Individualisieren: Rollen neu verteilen und Lernplattform aktiv einsetzen. In C. Schrack & T. Nárosy (Hrsg.), *Individualisieren mit eLearning: Neues Lernen in heterogenen Lerngemeinschaften* (S. 28-31). Wien: Bundesministeriuim für Unterricht, Kunst und Kultur.

Schrack, C. & Nárosy, T. (Hrsg.). (2009). *Individualisieren mit eLearning: Neues Lernen in heterogenen Lerngemeinschaften*. Wien: Bundesministeriuim für Unterricht, Kunst und Kultur.

Schrack, C., Schwarz, G. & Nárosy, T. (Hrsg.). (2010). *Individualisieren lernen: Neues Lernen in heterogenen Lerngemeinschaften mit E-Learning*. Wien: Bundesministeriuim für Unterricht, Kunst und Kultur.

Seib, S. (2006). *Internet-Recherche von Grundschulkindern. Eine qualitativ-empirische Studie mit dem Schwerpunkt auf Kindergesprächen*. München: kopaed.

Six, U., Gimmler, R. & Frey, C. (2000). Medienerziehung in der Grundschule aus der Sicht von Lehrerinnen und Lehrern: Ergebnisse einer repräsentativen Telefonbefragung. In G. Tulodziecki & U. Six, *Medienerziehung in der Grundschule: Grundlagen, empirirsche Befunde und Empfehlungen zur Situation in Schule und Lehrerbildung* (S. 31-229). Opladen: Leske + Budrich.

Spitzer, M. (2008). *Vorsicht Bildschirm! Elektronische Medien, Gehirnentwicklung, Gesundheit und Gesellschaft* (5. Aufl.). Stuttgart: Deutscher Taschenbuch Verlag.

Süss, D., Lampert, C. & Wijnen, C. (2010). *Medienpädagogik. Ein Studienbuch zur Einführung*. Wiesbaden: VS Verlag für Sozialwissenschaften.

Sutter, T. & Charlton, M. (2002). Medienkompetenz - einige Anmerkungen zum Kompetenzbegriff. In N. Groeben & B. Hurrelmann (Hrsg.), *Medienkompetenz: Voraussetzungen, Dimensionen, Funktionen* (S. 129-147). Weinheim und München: Juventa Verlag.

Tapscott, D. (1997). *Growing Up Digital: The Rise of the Net Generation*. New York: McGraw-Hill.

Tulodziecki, G. (2007). Digitale Medien in der Ganztagsgrundschule: neue Perspektiven für Medienverwendung und Medienerziehung. In H. Mitzlaff (Hrsg.), *Internationales Handbuch: Computer (ICT), Grundschule, Kindergarten und Neue Lernkultur* (1. Band, S. 125-131). Hohengehren: Schneider.

Tulodziecki, G. (2000). Einführung in das Gesamtvorhaben. In G. Tulodziecki, U. Six & u.a., *Medienerziehung in der Grundschule: Grundlagen, empirische Befunde und Empfehlungen zur Situation in Schule und Lehrerbildung* (Band 36, S. 17-29). Opladen: Leske und Budrich.

Tulodziecki, G. & Herzig, B. (2010). *Mediendidaktik*. München: kopaed.

Von Hentig, H. (2008). *Die Schule neu denken* (5. Aufl.). Weinheim, Basel: Beltz.

Weinert, F. (2003). *Leistungsmessungen in Schulen*. Weinheim/Basel: Beltz.

Westfall-Greiter, T. (2010). Das hol' ich mir: Lernen als Quereinsteigen. In C. Schrack, G. Schwarz & T. Nárosy (Hrsg.), *Individualisieren lernen: Neues Lernen in heterogenen Lerngemeinschaften mit E-Learning: Projekt 2* (S. 24-31). Wien: Bundesministerium für Unterricht, Kunst und Kultur.

Wilde, D. (2007). Neue Medien in Kindergarten und Grundschule: Eine Chance sich mit Eltern zu vernetzen. In H. Mitzlaff (Hrsg.), *Internationales Handbuch: Computer (ICT), Grundschule, Kindergarten und Neue Lernkultur* (1. Band, S. 162-166). Hohengehren: Schneider.

Wittmann, V. (2010). Digitale Divide: auf dem Weg zu einer Weltinformationsgesellschaft? In M. Spetsmann-Kunkel, *Barrierefreier Zugang und Nutzungsgrenzen* (S. 10-24). Hagen: Fernuniversität in Hagen - Fakultät für Kultur- und Sozialwissenschaften.

Wöckel, S. (2007). Lernen und Üben am Computer. In H. Mitzlaff (Hrsg.), *Internationales Handbuch: Computer (ICT), Grundschule, Kindergarten und Neue Lernkultur* (2. Band, S. 460-464). Hohengehren: Schneider.

Wustinger, R. (2009). Es ist ein Paradigmenwechsel. In C. Schrack & T. Nárosy (Hrsg.), *Individualisieren mit eLearning: Neues Lernen in heterogenen Lerngemeinschaften* (S. 38-39). Wien: Bundesministerium für Unterricht, Kunst und Kultur.

Zöchlinger, B. (2011). Kompetenzorientierter Unterricht: Volksschule – Mathematik. In BIFIE Bundesinstitut für Bildungsforschung (Hrsg.), *Kompetenzorientierter Unterricht in Theorie und Praxis* (S. 83-108). Graz: Leykam.

Zopfi, E. (2007). Computer und Lernen. In H. Mitzlaff (Hrsg.), *Internationales Handbuch: Computer (ICT), Grundschule, Kindergarten und Neue Lernkultur* (1. Band, S. 41-45). Hohengehren: Schneider.

Online-Quellen

BildungsMedienZentrum (2007). *1. OÖ BIMEZ Kinder-Medien-Studie 2007: Das Medienverhalten der 3- bis 10-jährigen in OÖ.* Verfügbar unter http://www.bimez.at/uploads/media/pdf/medienpaedagogik/kinder_medien_studie07/studie_gesamt.pdf [13.05.2011]

Bundesministerium für Unterricht, Kunst und Kultur (2001). *Grundsatzerlass Medienerziehung.* Verfügbar unter http://www.bmukk.gv.at/medienpool/5796/medienerziehung.pdf [15.08.2011]

Bundesministerium für Unterricht, Kunst und Kultur (2008). *Lehrplan der Volksschule.* Verfügbar unter http://www.bmukk.gv.at/medienpool/14055/lp_vs_komplett.pdf [13.06 2011]

Egenfeldt-Nielsen, S. (2006). Overview of research on the educational use of video games. [Electronic version] In: *Digitale Kompetanse, Jg. 1, H. 3,* 184-213.

Fischer & Gusenbauer (2008): *Bundesgesetzblatt für die Republik Österreich. Änderung des Schulunterrichtsgesetzes.* Verfügbar unter http://www.ris.bka.gv.at/Dokumente/BgblAuth/BGBLA_2008_I_117/BGBLA_2008_I_117.html [03.09.2011]

Medienpädagogischer Forschungsverbund Südwest (2011): *KIM-Studie 2010. Basisuntersuchung zum Medienumgang 6- bis 13-Jähriger.* Verfügbar unter http://www.mpfs.de/fileadmin/KIM-pdf10/KIM2010.pdf [15.05.2011]

PELe, R. (2006). *Didaktische Modelle.* Verfügbar unter http://www.e-teaching.org/didaktik/theorie/didaktik_allg/Didaktische%20Modelle_19_07_06_bg.pdf [09. 09 2011]

Prensky, M. (2001). *Digital Natives, Digital Immigrants.* Verfügbar unter http://www.marcprensky.com/writing/prensky%20-%20digital%20natives,%20digital%20immigrants%20-%20part1.pdf [30.05.2011]

Schipek, P. (o.J.). *Was Kinder brauchen. Kinder fördern - nicht überfordern.* Verfügbar unter http://www.schuleplanken.li/Portals/0/Content/was-kinder-brauchen---gehirnentwicklung-verste%20copy.pdf [09.09.2011]

Schmied (2009). *Bundesgesetzblatt für die Republik Österreich: Bildungsstandards im Schulwesen.* Verfügbar unter http://www.ris.bka.gv.at/Dokumente/BgblAuth/BGBLA_2009_II_1/BGBLA_2009_II_1.html [03.09.2011]

Schrack, C., Dorninger, C., Menzel, T. & Olensky, W. (2010). *Digitale Kompetenz an Österreichs Schulen.* Verfügbar unter http://www.phsalzburg.at/informatik/tipps/Informationserlass_Digitale_Kompetenz_an_OEsterreichs_Schulen_vom_15.10.2010/Beilage1_Digitale_Kompetenz_an_OEsterreichs_Schulen.pdf [29.05.2011]

Schulmeister, R. (2009). *Gibt es eine »Net Generation«? Erweiterte Version 3.0.* Verfügbar unter http://www.zhw.uni-hamburg.de/uploads/schulmeister_net-generation_v3.pdf [30.05. 2011]

Seufert, S. (2007). Ne(x)t Generation Learning« - Was gibt es Neues über das Lernen? In S. Seufert & T. Brahm (Hrsg.), *»Ne(x)t Generation Learning«: Wikis, Blogs, Mediacasts & Co. - Social Software und Personal Broadcasting auf der Spur* (S. 2-19). Verfügbar unter http://www.scil.ch/fileadmin/Container/Leistungen/Veroeffentlichungen/2007-02-euler-seufert-next-generation-learning.pdf [07.11.2011]

Stangl, W. (o.J.). Jean *Piagets Entwicklungsstufen im Überblick.* Verfügbar unter http://arbeitsblaetter.stangl-taller.at/KOGNITIVEENTWICKLUNG/PiagetmodellStufen.shtml [07.11.2011]

Testbericht. Bildung und Nachschlagewerk-Software. Verfügbar unter http://www.testbericht.de/suche.php?query=lernsoftware [07.11.2011]

Virtuelle Pädagogische Hochschule. (2011). Verfügbar unter http://www.virtuelle-ph.at/ [14.06.2011]